INHALTSVERZEICHNIS

*Japan ist das einzige Land, in das ich
meine Großeltern bedenkenlos reisen lassen würde.*

Herstellung und Verlag:
BoD – Books on Demand, Norderstedt

Bibliografische Information der Deutschen
Nationalbibliothek:
Die Deutsche Nationalbibliothek verzeichnet diese
Publikation in der Deutschen Nationalbibliografie;
detaillierte bibliografische Daten sind im Internet
über http://dnb.dnb.de abrufbar.

ISBN: 978-3-7494-5500-3

Vorwort

Als ich mich dazu entschloss, für ein Jahr nach Japan zu gehen, erhoffte ich mir eine große Veränderung in meinem Leben. Ich hatte die Hoffnung, die eigene Kultur und Lebensweise, und somit meinen eigenen Weg im Leben besser kennenzulernen, indem ich mich in eine Kultur warf, die ich schon lange aus der Entfernung bewunderte und zu verstehen versuchte. Das erste Mal, als mir in meiner Kindheit die Eigenheit Japans im Gedächtnis blieb, war, als ich in einem japanischen Märchenbuch blätterte, in welchem mir eine fremde Lebensweise und Moral näher gebracht wurde. Die Landschaft war von einer unheimlichen Atmosphäre durchzogen und die übernatürliche Welt ging so leicht in die natürliche über. Ich konnte zu dem, was mir in meiner Heimat bekannt war, keinen Bezug finden, und so fing es an, mich in die Ferne zu ziehen. Denn ich spürte, dass draußen in der Welt noch so viel zu lernen und verstehen ist, was nicht in Geografie oder Geschichtsbüchern festzuhalten ist. Jeder sieht die Welt auf andere Art und Weise, und für mich besteht die Welt nun mal nicht aus Zahlen und Fakten, sondern aus Erlebnissen und Gefühlen. Und ich brauchte etwas, nicht nur um die eigenen Gedanken zu sortieren, sondern ich musste mich auch endlich auf die Suche nach den Antworten auf all meine Fragen machen. Mit einer großen Menge an Gepäck, und einer noch größeren an Hoffnung und Wünschen, stieg ich also in den Flieger nach Tokio.

Ankunft in Tokio

Im September stieg ich in den lange ersehnten Flieger unter Kooperation zwischen ANA (All Nippon Airways) und Lufthansa, der von Düsseldorf startete und den von Tokio zwei Stunden entfernten Narita Flughafen anflog. Während des Fluges saß ich mit einer Horde von Amerikanern zusammen und hatte den Luxus, dass der Sitz neben mir frei war. Für einen gut elf-stündigen Flug saß ich also recht komfortabel, bekam ständig leckeren grünen Tee, das Klo war modern mit verschiedensten Po-Spülungen ausgestattet, und es gab leckeres Essen mit Meeresfrüchten und japanischem Curry. Ich war überglücklich, dass ich mit den Stewardessen und im Flughafen zum ersten Mal so richtig mein Japanisch üben konnte, und war dann ganz verwundert, dass sie mich tatsächlich verstanden. Wurde ich aber auf Englisch etwas gefragt, so antwortete ich meistens auch auf Englisch, ein Ringen mit mir selbst, das mich den gesamten Aufenthalt noch begleiten sollte.

An dem riesigen Flughafen von Narita angekommen, wurde ich zum Glück von japanischen Freunden, die ich in Deutschland kennengelernt habe, abgeholt. So ausgelaugt und unzurechnungsfähig wie ich war, kam mir das zu Gute. Der erste Schritt war, erst einmal zu meiner Wohnung zu kommen, was trotz Hilfestellung nicht so einfach war, weil der Bus vom Flughafen aus doch nicht so weit fuhr, wie die anderen dachten. Das heißt, wir haben zuerst den Bus bis nach ‚Tokyo Station' genommen und sind dann mit der U-Bahn noch so zwei oder drei Mal umgestiegen. Wir sollten meinen Vermieter an einem kleinen Polizei-Wachhäuschen treffen. Da dieser nicht auftauchte, mussten wir nach einigem Telefonieren doch direkt zu meinem Wohnhaus laufen. Bald bogen wir in eine schmale, dunkle Gasse ein, an deren Ende sich ein kleiner morscher Schrein befand. Kurz davor befand sich das noch morschere alte Haus, in dem ich wohnen sollte. Nach einmal klingeln stand dann auch schon mein Vermieter an der Tür. Als ich mich von meinen Freunden verabschieden wollte, schienen sie etwas zögerlich zu sein und wollten mich gar nicht gehen lassen. Als ich sie später darauf ansprach, meinten sie nur, dass sie zum einen überrascht darüber waren, dass bei einem Frauenwohnheim ein Mann die Tür aufmachte, und zum anderen, dass das Haus so schrecklich alt aussah. Ich dagegen war von dem alten Haus und der für mich damals typisch japanischen Einrichtung begeistert. Ich brachte also die Schlüsselübergabe und den Vertragsabschluss schnell hinter mich, obwohl ich mehrmals vor lauter Müdigkeit fast über dem Vertrag eingeschlafen wäre, und räumte meine Sachen aus. In dem Sharehouse gab es wirklich alles, was ich brauchte. Unerwarteterweise hatte ich sogar einen großen Kühlschrank im eigenen Zimmer, und es gab eine Waschmaschine und einen Trockner in der Küche.

Die Küche wirkte zwar weder neu noch sauber, aber dennoch fand ich sie wie das gesamte Haus charmant. Der Eingang sah auch sehr niedlich aus. Dort sollte man ganz normal die Straßenschuhe vor der angehobenen Stufe ausziehen, in das Regal stellen und auf dem Holzparkett mit den Hausschuhen weiterlaufen. Weil die Wände so dünn sind, konnte ich meine Nachbarn immer gut hören, wenn ich auf dem Flur lief.

Das Bad war für mich sehr ungewohnt. Zum einen war es mit einer Schiebetür zweigeteilt in einen Teil mit Waschbecken, wo der Boden aber auch mit dicken Decken und Holzbrettern ausgelegt war. In dem anderen Teil vom Bad befand sich die Badewanne und drumherum war das Badezimmer mit Fliesen ausgelegt, auf denen man sich erstmal abbrausen sollte, ehe man sich in die Wanne hockt. Ansonsten gab es einen Behälter für kaltes Wasser, und ein großer Spiegel war unter dem Duschkopf angebracht, damit man sich beim Duschen immer nackt sehen konnte. Zwischen dem gefliesten Teil und der Badewanne war ein ziemlicher Abgrund bei dem man sehen konnte, wie die Wanne im Beton steckt. In die Wanne hatte ich mich eigentlich nie getraut, weil sie dreckig aussah, und meine Mitbewohnerin mich vor Tausendfüßlern an der Badewanne warnte. Auch roch das ganze Bad ziemlich stark nach Schimmel. So ein Bad im japanischen Stil hatte ich mir eigentlich gewünscht, nur im neueren und gut gepflegten Zustand.

Die High-Tech-Toilette war in einem ganz separaten Raum, obwohl ich mir eigentlich das Waschbecken mit Seife in dem gleichen Raum gewünscht hätte. Aber immerhin gab es eine sehr angenehme Klobrillenheizung. Sobald man spülte, lief das Wasser durch den Wasserhahn des Waschbeckens auf dem Spülkasten.

Im Zimmer konnte ich dann erstmal auch meine elektronischen Geräte ausprobieren. Mir war aufgefallen, dass ich auch ohne den Strom-Konverter meine Geräte mit ganz normaler Geschwindigkeit aufladen konnte, und sie dann auch problemfrei funktionierten.

In der ersten Nacht hatte ich ziemlich merkwürdige Schlafzeiten. Zuerst schlief ich von 20 Uhr bis 23 Uhr, war fast die ganze Nacht wach und schlief dann von früh morgens bis mittags durch. Der typische Jetlag eben. Aber immerhin fühlte ich mich etwas besser als an meinem Ankunftstag und kam mir auch nicht mehr so einsam und verloren vor. So langsam fing ich an, mich an das schwül-warme Klima und die Hochhäuser zu gewöhnen. Mittags hatte ich mir erst einmal von einer Mitbewohnerin den Konbini namens Seven Eleven zeigen lassen, der so wie die anderen bekannten Konbini Lawson und FamilyMart rund um die Uhr auf hat, und bei dem man alles finden kann, was man braucht. Ich kaufte mir zunächst ein süßes Brötchen und ein paar Onigiri-Reisbällchen, bei denen ich aber noch nicht entziffern konnte, womit die Onigiri gefüllt waren. Das erste war eines mit gebratenem Reis und einer sehr fischigen Füllung, das aber trotzdem irgendwie lecker schmeckte. Dann musste ich an meinem ersten richtigen Tag in Tokio in das Unbekannte aufbrechen, um eine Freundin an der Station Waseda zu treffen. Allerdings hatte ich mich mehrmals verlaufen und konnte nicht den richtigen U-Bahn-Ausgang finden. Die verschiedenen Ausgänge der U-Bahn Stationen sind ja Meilen auseinander und ziemlich versteckt, und dann hatte ich ja auch noch das Problem, dass ich meine Freundin nicht über Handy erreichen konnte. Zufällig hatte ich sie dann aber doch noch, auch ohne Internet und neuer SIM-Karte, gefunden, und wir sind dann zusammen zu der Universität Waseda gelaufen, an der ich fortan für ein Jahr studieren würde. Mir wurden auf dem weiten Hauptcampus, auf dem sich alte Gebäude neben modernen Hochhäusern tummeln, die verschiedenen Räumlichkeiten gezeigt. Besonders charakteristisch fand ich das "Okuma Auditorium", die Konzerthalle, welche mich sehr vom Stil her an Oxford erinnerte und an das Rathaus von Stockholm angelehnt sein soll, und die Statue des Gründers der Universität Waseda: Ôkuma Shigenobu.

Waseda's Okuma Hall

Ich begleitete meine Freundin in das Politik-Gebäude, bei welchem auf das alte Gebäude ein modernes Hochhaus gesetzt wurde, zu einem kurzen Vor-Seminar. Das war eine Veranstaltung mit Informationen für ein Seminar, also eigentlich Werbung dafür, dass man sich bei dem Seminar anmeldet. Die politischen Themen fand ich ganz interessant, und ich hätte dieses Seminar auch gerne genommen, wäre mein Japanisch schon perfekt gewesen. Ich war natürlich die einzige Nicht-Japanerin, weswegen der

Politik-Professor nach der Stunde auf mich zukam und sich vor Freude kaum halten konnte, dass ich doch tatsächlich an seinem Kurs teilnehmen möchte, und dass er, wenn ich mal etwas in seinem Kurs nicht verstehe, auch Englisch reden könnte. Ihm zu sagen, dass ich eigentlich keine Politik-Studentin bin, und auch nicht vorhatte, seinen Kurs zu belegen, hatte ich nicht das Herz.

Dann ging es wieder hinaus in den verregneten Tag. Es war schon die ganze Zeit am Schütten, und die Luft ist in Tokio bis Ende September so schwül, dass man durchgehend übermäßig am Schwitzen ist. Das fühlt sich dann so an, als wäre man im Dauerfieber. Jedenfalls sind wir dann noch mit der U-Bahn und der Yamanote-Linie nach *Shinjuku* gefahren, um für mich eine SIM-Karte zu kaufen, was aber schwieriger war als gedacht. Da die japanischen Handys meistens mit festen Verträgen verkauft werden, ist es schwierig Prepaid Karten, die man für so ein Jahr nutzen kann, zu finden. Meistens gibt es dann nur SIM-Karten für ein paar Tage, die für Touristen gedacht sind. Die Angestellten waren sehr hilfsbereit und nahmen sich viel Zeit bei der Beratung. Die Karte wird mit den Angestellten zusammen eingesetzt und eingestellt, und man muss eine Menge an Informationen über sich selbst in den Dokumenten angeben. Und weil es mit meinem Handy auch noch immer irgendein Problem gab, haben wir ganze drei Stunden nur deswegen in Bic Camera verbracht.

Aber danach gab es dann ganz wohlverdient Ramen zum Abendessen. Das Ramen-Geschäft befand sich in dem Untergeschoss eines größeren Kaufhauses. So wie in vielen anderen Ramen-Läden auch wählte man das Essen am Automaten aus, bezahlte auch am Automaten, und gab das Kärtchen dem Personal. Dann warteten wir bis wir aufgerufen wurden und setzten uns erst dann an den Tresen. Wie so üblich gab es in der Nähe der Stühle Körbe, in denen wir unsere Taschen aufbewahren konnten. Der makellos saubere Boden wird in Japan nämlich irgendwie immer als zu dreckig für Taschen gesehen.

15

Shôyu Ramen

Zum Schluss waren wir im Kaufhaus einfach noch ein bisschen stöbern. Die Japaner haben wirklich viel kreativere Produkte als die Deutschen und eine so große Auswahl, dass man am liebsten alles kaufen möchte.

8. September – Zum Einkaufen ein Paradies

Ich hatte wie üblich bis mittags geschlafen und war zuallererst beim Konbini, um den ATM auszuprobieren und mir zum Frühstück ein Melonpan (Melonenbrötchen) zu kaufen, was unheimlich süß ist und gar nicht nach Melone (nicht mal künstlicher) schmeckt, aber trotzdem ganz lecker ist. In den Packungen sieht das Brot auch meistens nicht wie eine Melone aus, sondern hat eher die Form eines Gehirns.

Dann habe ich auch noch die kleine Schreinanlage hinter dem Haus besucht:

Direkt danach hatte ich mich dann nach Ikebukuro aufgemacht, und zwar zum Sunshine City, ein riesiger Gebäudekomplex mit einem 240 Meter hohen Hochhaus in der Mitte. Es beherbergt unter anderem ein Altorientalisches Museum, ein Aquarium, ein Planetarium, ein Theater, einen Themenpark und unglaublich viele Geschäfte. Dort findet man alles, was man braucht, und noch mehr. Ich hatte mir ein bisschen die japanische Mode angeguckt, die meistens sehr modern, aber teilweise dann auch wieder ein bisschen altmodisch auf mich wirkte, was vielleicht daran lag, dass die Japanerinnen auch bei den warmen Temperaturen sich so anziehen, indem sie möglichst wenig Haut zeigen. Die Röcke gehen fast alle bis zum Boden und auch im Sommer werden meistens Blusen, welche die Arme komplett bedecken, getragen. In anderen Stadtvierteln wie Shinjuku sieht die Kleidung wieder ganz anders aus. Worauf man sich aber einigen kann, ist, dass die Damenmode in Japan sehr viel femininer ist als in Deutschland. In vielen Kaufhäusern konnte ich häufig keine Umkleidekabinen entdecken, und wenn, dann nur eine einzige. Also habe ich keine Kleidung gekauft, sondern stattdessen in einem Laden voller Ghibli-Produkte einen Geldbeutel in Totoro-Form.

Neben dem Sunshine City Gebäudekomplex gibt es einen Supermarkt namens *Seiyu*, der sehr zu empfehlen ist. Er ist nur so groß, dass es wirklich nicht einfach ist bestimmte Sachen zu finden, weswegen ich immer wieder und wieder fragen musste. Ich nahm an dem Tag keine Einkaufstüte mit, weil die Waren in den Supermärkten bis jetzt immer kostenlos in Plastiktüten gepackt wurden, was man als ziemliche Umweltkatastrophe sehen kann. Aber die Kassierer machen das so schnell und selbstverständlich, dass ich dann auch keine Lust habe, mit ihnen zu diskutieren. Aber dieses eine Mal hätte ich eine gebraucht. Nach dem Bezahlen gab es eine lange Theke, die rundum mit Rollen an Plastiktüten versehen war, und bei der jeder erstmal seine Sachen verstaute. Dummerweise waren das aber nur kleine Miniatur-Tüten, bei denen nicht mehr als eine Zahnpasta reingepasst hätte. Die Leute guckten auch sehr belustigt, als ich versuchte Lebensmittel, die eindeutig zu groß waren, in die kleinen Tütchen zu zwängen. Ich habe dann auch noch lange nach größeren Plastiktüten weitergesucht, weil ich mir ziemlich sicher war, dass es sie kostenlos geben muss. So ist es doch schließlich üblich in Japan. Ich habe zunächst versucht, alles einzeln zu tragen, konnte dann schließlich doch noch meinen Stolz überwinden und bin zurück zur Kasse zum schon von vorhin von mir genervten Kassierer, bei dem es beim Bezahlen schon Probleme gegeben hatte, gegangen, um doch noch eine ziemlich teure, normalgroße Plastiktüte zu kaufen. Aber immerhin hatte ich alle Zutaten gefunden, um später Okonomiyaki (Pfannekuchen mit Kohl und Speck) zu machen. Es gibt je nach Region viele unterschiedliche Sorten von Okonimiyaki, mit den bekanntesten aus Osaka. Ich machte meinen einfach mit Okonomiyaki-Mehl, Kohl, Frühlingszwiebeln, Speck und darauf Okonomiyaki-Sauce und Mayonnaise. Anstelle der üblichen Form, die Pfannkuchen annehmen sollten, wurde daraus nur eben ein formloses Gepansche.

Nach meinen hoffnungslosen Kochversuchen hatte ich noch ein ziemlich langes Gespräch mit meiner belgischen Mitbewohnerin, nachdem ich ihr geholfen hatte, mehrere Kakerlaken in ihrem Zimmer zu zerquetschen. Die Insekten sind in dem Haus zu einer richtigen Plage geworden. Sie meinte auch noch, dass sie im Badezimmer zwei Tausendfüßler gesehen hätte, und von Mücken war sie auch ziemlich zerstochen. So einigten wir uns, dem Vermieter zu schreiben, obwohl ihm anscheinend das Problem schon bekannt war, und er sich schlichtweg weigerte, gegen die Plage etwas zu unternehmen. So langsam fiel mir auch auf, dass das Haus nicht nur alt und dreckig war, sondern auch noch komisch roch. Statt meiner ursprünglichen Euphorie entwickelte ich eine ablehnende Haltung gegenüber dem Haus, und fing an zu überlegen, ob ich es das ganze Jahr dort aushalten könnte. Obendrein erzählte die Belgierin mir, dass die Mitbewohnerinnen seit Tagen weder duschen noch Zähneputzen würden. Die Küche wurde auch von ihnen nicht benutzt, das hätte ich von meinem Zimmer aus schließlich hören müssen. Eine der Mitbewohnerinnen hatte ich in den ersten zwei Wochen kein einziges Mal gesehen, und sie war, als ich sie kennenlernte, auch nicht darauf aus, sich mit mir zu unterhalten. Häufig schien sie jemanden in ihr Zimmer mitzubringen, und wir glaubten, dass illegaler Weise sogar zwei Leute in dem Zimmer wohnten. Ich hörte aber nie wie sie die Treppe herauf und herunterging, oder wie sie zum Beispiel das Haus verließ. Es war ein merkwürdiges Gefühl, sich das Haus mit Leuten zu teilen, die man gar nicht kannte, und die einem auch nicht die Hoffnung gaben, sie jemals kennenzulernen.

9. September - Besuch beim HNO-Arzt

An dem dritten Tag meines Aufenthaltes bin ich plötzlich mit ziemlich starken Ohrenschmerzen aufgewacht. Ich hatte sie eigentlich auch schon vorher, aber nur sehr schwach und dachte, sie würden wieder von selbst verschwinden. Stattdessen wurden sie aber immer stärker. Zu einem gewissen Zeitpunkt half ja alles nicht mehr, ich musste irgendwas unternehmen, sonst würde mein Ohr noch dauerhafte Schäden davontragen. Wahrscheinlich zwar nicht, aber die Schmerzen konnten nicht mehr lange warten. Ich konnte gar nicht mehr klar denken. Also ging ich zu der Apotheke direkt neben dem Haus, um den Apotheker mit Hilfe von Google Translate nach Wunddesinfektionsmittel und Antibiotikum zu fragen. Es war nicht leicht den alten Herrn zu verstehen, aber ich nahm an, dass er einfach nur meinte, dass ich vorher zum Arzt müsse, um Rezepte für Medikamente zu bekommen. Das hätte er aber auch in viel einfacheren Sätzen erklären können. Also bin ich wieder zurück in mein Sharehouse und habe beim Medical Information Center angerufen und ihnen meine

Situation entsprechend erklärt. Die Dame am Telefon gab mir dann die Adresse einer englischsprachigen HNO-Klinik durch, die in meiner Nähe sein sollte. Diese Adresse hatte ich daraufhin versucht nachzugucken, was gar nicht einfach war, weil ich fast jeden Teil der Adresse bisschen anders verstand, obwohl ich die Dame immer und wieder um Wiederholung und Buchstabieren bat. Kurzzeitig dachte ich, dass ich die Adresse gar nicht mehr finden würde und noch einmal anrufen müsste. Schließlich konnte ich es aber doch irgendwie schaffen, die richtige Adresse herauszufinden und war erstaunt darüber, wie weit weg diese Klinik sich befand. Auch meine japanisch-sprachige App, die einen immer genau darüber informiert wie man am besten von A nach B kommt, zeigte den Umsteigeplan so kompliziert an, dass ich ihn gar nicht verstehen konnte. Ich hätte nicht nur mit der U-Bahn, sondern auch noch mit verschiedenen anderen Zuglinien fahren müssen. Also schickte ich den Umsteigeplan einer japanischen Freundin zu, die sich auch darüber wunderte, wie weit ich fahren müsste. Ich dachte auch, dass das doch nicht sein kann und fing an zu vermuten, dass ich am Telefon einfach nur falsch verstanden wurde, obwohl ich doch genau erklärt hatte, wo die Station Gokokuji liegt. Aber zum Glück fand ich dann doch noch eine englischsprachige HNO-Klinik in der Nähe der Waseda Universität. Meine Freundin rief für mich an, um zu fragen, ob sie noch geöffnet haben, und meinte dann aufgeregt, ich dürfe nicht später als in zwanzig Minuten dort ankommen, weil der Doktor dann anfängt zu operieren. Und ich wollte nicht operiert werden. Aber im Ernst, es war mir so wichtig, endlich die Schmerzen wegzubekommen, dass ich losgerannt bin. Bis zu der Waseda dauerte es zwar nicht mehr als zwanzig Minuten, aber ich musste die Klinik ja auch erstmal finden. In der Klinik angekommen ging alles leicht. Die Leute an der Rezeption sprachen nur Japanisch, und das Ausfüllformular war auch auf Japanisch, aber das hatte ich ja alles im Unterricht schon gelernt. Außerdem sind sie sehr sorgfältig alles mit mir durchgegangen. Der Arzt konnte auch tatsächlich gut Englisch und sogar ein bisschen Deutsch, steckte das Otoskop in das schmerzende Ohr, und war erstaunt darüber, wie knallrot sogar schon mein Trommelfell angelaufen war. Zwischendurch fing er an, auf seinem Bildschirm zwei Ohren zu malen und das eine mit roter Farbe auszufüllen.

Darauf zeigte er und und meinte: „genau so rot ist dein Ohr". Ich glaube, er hatte viel Spaß beim Malen. Das Ohr wurde ausgespült und mit Ohrentropfen gefüllt. Dann bekam ich meine Medikamente verschrieben und musste nur eine Etage hinunter, um sie in der Apotheke zu bekommen. Auf dem Rückweg nach Hause musste ich an einem Fluss entlang, und die Atmosphäre war irgendwie sehr schön. Die Sonne schien und die Temperatur war sehr angenehm. Das ganze Bild wird dann noch untermalt, wenn einem lächelnde alte Damen im Kimono entgegenkommen. Als ich an meinem neuen Zuhause ankam, hörte ich auf einmal lautes Katzenmaunzen, worauf ich natürlich sofort in den mickrigen Vorgarten gestürmt bin und drei dicke Katzen fand. Aber egal was ich auch tat, sie kamen nicht auf mich zu, sondern maunzten mich alle sehr laut an, als wollten sie irgendetwas von mir. Was genau sie aber wollten, konnte ich nicht verstehen, weil die Katzen in Japan eine andere Sprache sprechen als in Deutschland. Japanische Katzen sind schon wirklich sehr komisch. Abends war ich dann noch mit der Belgierin in dem Stadtviertel Ikebukuro

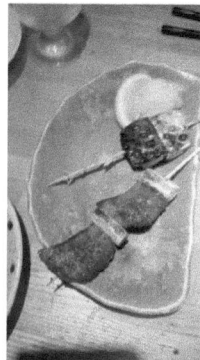

essen. Das Lokal erinnerte mich sehr an ein Izakaya. Es gab leckere Fleischspieße und gutes Bier. Genauer gesagt bestellten wir einen Spieß mit Rind und einen Spieß mit Makrele, Sapporo Bier, Gyôza-Teigtaschen und irgendetwas Schnitzelartiges mit Hackfleischfüllung. Bei den Schweinespießen kann man sich übrigens das Körperteil des Schweines aussuchen, das man gerne essen möchte. Da sind auch Körperteile dabei, die ich so in Deutschland niemals essen würde. Bei den Spießen mit der lapprigen Haut des Schweines scheiden sich auch die Geister.

10. September - Ein Pudding-Hund, der Schuhe sammelt

Am nächsten Tag wurde ich von Trommeln, Pfeifen und einem Singsang, der sich aus der Ferne etwas wie Indianergeschrei anhörte, geweckt. Es schien, als würde eine Prozession direkt an meiner Straße vorbeiziehen. Ein bisschen später bin ich auch tatsächlich an der Prozession vorbeigelaufen, und war angesichts der Lautstärke überrascht, wie wenige Leute an der Prozession teilnahmen, und, dass es auch fast ausschließlich Kinder waren. Sie schleppten einen kleinen tragbaren Schrein (*mikoshi*) durch die Straßen, in dem die Gottheit eines lokalen Schreins vorübergehend ihren Sitz einnehmen soll. Nebenher sorgten Freiwillige dafür, dass die kleine Prozession mit den kleinen Leuten nicht vom Autoverkehr überfahren wurde.

Ich hatte mich auf den Weg zu der Harajuku Station aufgemacht, indem ich erneut mit U-Bahn und der Yamanote-Line fuhr, um mir auf der Suche nach Ruhe und etwas Grünem den Yoyogi-Park anzuschauen. Aber Ruhe konnte ich vergessen, denn der Yoyogi ist das ganze Jahr hindurch fast flächendeckend mit Menschen überfüllt, lebhaft und laut. Tänzer, Models und einfach alles, was man sich erdenken kann, sammeln sich dort. Von überall her ertönt Gitarrenmusik und Gesang. Verschiedene Arten von Gruppen treffen sich, um ihren Hobbies nachzugehen. Auf dem Rückweg traf ich auf einen Japaner, der mir dabei half Wäschebeutel und die richtige Art von Waschmittel zu finden. In den großen Geschäften bin ich häufig etwas hilflos, wenn es darum geht, etwas Bestimmtes zu finden. Aber die Japaner in Tokio haben häufig das gleiche Problem. Die Geschäfte sind riesig und es gibt Massen an verschiedenen Produkten. Und wenn man dann noch die Schrift nicht so gut lesen kann, hat man ein Problem. Aber es war schön, sich die ganze Zeit (fast) problemlos auf Japanisch unterhalten zu können. Nach einem kurzen Abstecher zum Meiji-Schrein ging ich mit einer Freundin zusammen in Harajuku in das Pompompurin Café etwas essen, was sehr niedlich war. Pompompurin ist eine Figur des Großhandelsunternehmens Sanrio, und soll ein Pudding-Hund sein, der den Karamell-Pudding seiner Mama liebt, ein Talent für Nickerchen hat und als Hobby Schuhe sammelt. Zum Essen und Trinken kann man zum Beispiel Eisbecher mit Pudding, Obst und Kaffee-Gelee, Limonaden, Roast-Beef mit Reis und sahniger Soße, und zwar alles in Pompompurin-Form, bestellen. In Themencafés ist es häufiger so, dass das Essen gut aussieht, aber nicht schmeckt. In diesem Café schmeckte alles aber vorzüglich.

Das Café befindet sich auf der Takeshita Dôri, eine Straße, die mit Menschen so vollgepackt ist, dass man kaum vorankommt. Einmal steckte ich sogar über zwei Stunden in der Straße fest, weil man in der Menschenmasse weder vor noch zurück kam. Die Polizei musste deswegen mit Lautsprechern eingreifen, um die Masse ein bisschen zu lösen. In dieser Straße reihen sich die verschiedensten kleinen Läden mit aus meiner Sicht jeglichem Kitsch, ungewöhnlichen Süßigkeiten und niedlicher Mode, die alles ein Teil der Harajuku Teenager Kultur sind. Wer Süßes mag, ist dort sehr gut aufgehoben.

Die weitere für Harajuku bekannte Straße ist die Omotesando. Sie ist eine breite Allee, die sich sehr lang durch Shibuya streckt und von teuren Geschäften luxuriöser Marken bestückt ist. Sie erinnert einen sehr an die Königsallee in Düsseldorf und wird auch häufig „die Champs-Élysées von Tokio" genannt. Was ich hier zum ersten Mal sah und woran man sich in Tokio gewöhnen muss, war das Mario-Kart auf den Straßen. Man sieht in der ganzen Stadt immer wieder Leute in Kostümen mit kleinen Go-Karts an einem vorbeirasen. Ein Wunder, dass sie im normalen Verkehr fahren dürfen.

Das Leben ist in Tokio sehr viel hektischer als in meinem Heimatort in Deutschland. Nie können die Leute in Tokio sich auch nur ein kleines bisschen entspannen und werden ziemlich unruhig, wenn sie mal nichts zu tun haben. Deswegen waren meine Freunde auch immer, trotz der Ferien, ziemlich beschäftigt; das heißt, sie arbeiten viel und hangeln sich von einem Termin zum anderen. Jetzt verstehe ich auch, warum sie immer meinten, das Leben in Europa wäre so langsam. Das Langsame würde ich aber auf jeden Fall vorziehen, und es ist doch eindeutig viel lebenswerter. Aber hier in Tokio geht es ja wegen der hohen Kosten nicht anders. Würde ich in dieser arbeitsamen Stadt länger wohnen, würde ich auch bei nur ein bisschen freier Zeit, in der man nicht arbeitet, vielleicht auch langsam panisch werden. Nur mit viel Arbeit kann man einen einigermaßen erträglichen Lebensstandard halten.

11. September – Besuch beim Stadthaus

Die Nacht darauf konnte ich wegen des Jetlags wieder nur zwei Stunden schlafen, und die Ohrenschmerzen waren noch viel unerträglicher geworden. Mit starken Schmerzen und ziemlich müde musste ich also nochmal zum Arzt, der mir wieder ins Ohr schaute und aber meinte, dass es ein bisschen blasser und abgeschwollen sei. So beschloss ich, an den Medikamenten doch erstmal nichts zu ändern. Dem Arzt irgendwelche Vorschläge zu machen oder sogar versuchen zu diskutieren, ist in Japan ja schließlich tabu. Und wenn man es doch versucht, hört er einem nicht zu. In Japan genießt ein Arzt unter allen Berufsgruppen deutlich das höchste Ansehen und wird somit fast schon als eine Gottheit angesehen. Wegen der Schmerzen konnte ich nicht so viel unternehmen wie sonst. Nachmittags war ich dann nur noch in Ikebukuro in der Drogerie *Matsumoto Kiyoshi*, um unter anderem Desinfektionsspray für die Wunden meiner abgelaufenen Füße und die ganzen Moskitostiche zu kaufen. Danach war ich im Don Quijote, einem bunten Discountladen, den man in der ganzen Stadt finden kann, und kaufte mir Matcha Kit Kat Packungen. Übrigens, was das Essen angeht, so wurde mein Verlangen nach italienischer Pizza und Pasta von Tag zu Tag stärker. Das erste Essen, das ich hier vermisste, war also nicht das deutsche Essen, sondern merkwürdigerweise das Italienische.

Am folgenden Tag fing endlich die erste Veranstaltung an der Universität an. Vier Stunden lang drehte sich alles allein um das Organisatorische, und wir wurden mit ziemlich vielen Informationen auf einmal zugeschüttet. Als ich mit zwei Tüten voller Bücher, Broschüren und Zetteln wieder die

Veranstaltung verließ, dämmerte mir, wie beschäftigt die nächsten Wochen werden würden. Es wurde für die nächsten Wochen auch eine ganze Reihe an Veranstaltungen von den „Circles" aus angeboten. „Circles" sind Gruppen aus Studenten, die ein gemeinsames Interesse haben und zusammen das machen, was ihnen Spaß macht. Aber Näheres dazu später. Nach der Veranstaltung musste ich in dem Rathaus von Bunkyô meine Adresse registrieren lassen. In Japan hat man für die Registrierung der Adresse nämlich nur vierzehn Tage Zeit. Das Rathaus war als riesiges Hochhaus mit einer runden Plattform auf dem Dach sehr eindrucksvoll. Ungewöhnlich war auch die Achterbahn neben dem Rathaus, die sich steil zwischen den Hochhäusern entlangschlängelte und mit dem riesigen Tokyo Dome auf der anderen Seite zusammen, in dem unter anderem Baseball-Spiele und Konzerte stattfinden, ein interessantes Bild gab.

Links sieht man einen Teil der Achterbahn, die sich einfach mal so zwischen den Hochhäusern hindurchschlängelt. Rechts ist das Rathaus zu sehen.

26

Der Tokyo Dome

Bei der Registrierung der Adresse hatte ich insofern Glück, dass der Mann am Tresen neben Englisch auch noch Deutsch sprechen konnte. Das hatte er wohl früher an der Uni gelernt. Der Beitritt zur nationalen Krankenversicherung war auch noch eine Verpflichtung, der ich dringend nachgehen musste. Aber an diesem Tag war es leider schon zu spät. Auch in Tokio machen die Abteilungen in den Rathäusern schon früh zu. Also ging ich stattdessen mit meiner Mitbewohnerin nach Shibuya in ein Sushi-Restaurant namens „Genki Sushi".

Das Sushi dort schmeckt (zumindest für Deutsche) sehr frisch und ist trotzdem ziemlich billig. Man setzt sich an eine Art Tresen, hat vor sich einen Bildschirm, an dem man das Essen aussucht, und schon kommt das Essen ziemlich schnell auf einem der drei übereinander liegenden Laufbänder auf einen zu gesaust. Nach dem fünften Teller tauchte bei mir plötzlich ein Gewinnspiel auf dem Bildschirm auf, aber ich gewann natürlich nichts. Weil wohl so gut wie nie jemand gewinnt, weiß auch niemand, was man eigentlich gewinnen würde. Und den Matcha-Tee mischt man sich selbst, indem man etwas Matcha Pulver in den Becher schüttet und dann aus dem kleinen Wasserhahn neben dem Bildschirm das heiße Wasser dazu einfüllt. Genki Sushi hat zwar nicht das allerbeste Sushi, ist aber wegen der Einfachheit der Bedienung und der günstigen Preise von meiner Seite aus eine sehr große Empfehlung.

12. September - Die vier lustigen Damen

Ich begab mich schließlich doch wieder auf Wohnungssuche, weil ich den starken Geruch des Schimmels und die zahlreichen Insekten im Sharehouse mit der Zeit immer weniger aushalten konnte. Als ich dann auch noch eine Kakerlake in meinem Bett fand, musste der Strich endlich gezogen werden, und ich beschloss das Sharehouse zu wechseln. Kakerlaken neben dem Bett konnte ich noch tolerieren, aber auf dem Kopfkissen ging es mir zu weit. Schon bald konnte ich mich also zu einer ersten Wohnungsbesichtigung aufmachen. Nach längerem Suchen fand ich in dem Adressensystem ohne Straßennamen und systematischen Hausnummerierungen endlich das Haus, in dem die Besichtigung stattfinden sollte. Zuerst schien es aber so, als hätte der Vermieter die Besichtigung vergessen, und ich musste ihn anrufen, worauf er erst einmal ziemlich verwirrt reagierte. Wir gingen hinauf in den vierten Stock und ich war ein bisschen entsetzt darüber, wie spärlich die Sharehouse-Wohnung eingerichtet war, und wie dreckig die Küche wirkte. Das größte Schlafzimmer war nur halb so groß wie mein damaliges Zimmer, in welches nicht mehr als ein Bett hinein passte, und das Bad hatte ungefähr ein Achtel der Größe von dem Bad in meinem ersten Sharehouse. Es bestand eigentlich nur aus einer schmalen, dreckigen Nische, in die man sich ziemlich mühsam reinzwängen müsste. Abgesehen von dem riesigen Balkon, auf dem auch Wäscheleinen aufgespannt sind, war ich mir sicher, dass ich hier Platzangst bekommen würde. Ich wollte auf keinen Fall diese Sharehouse-Wohnung nehmen, denn schließlich war ich ja auf der Suche nach einer Verbesserung.

Nachmittags hatte ich dann endlich das lang ersehnte Treffen mit den vier alten Damen, denen ich ein Jahr lang als Nebenjob Deutsch beibringen sollte. Die Hinreise war erstmal ein bisschen stressig. Ich hatte mir eigentlich mehr als genügend Zeit eingeplant und laut meiner App, welche die besten Verkehrsverbindungen anzeigt, sollte ich sogar zwanzig Minuten zu früh ankommen. Ich dachte auch, dass, wenn ich einen Zug verpassen sollte, das ja kein Problem wäre, weil ja bestimmt alle fünf Minuten einer kommen würde. So ist es aber nicht mit der Yamanote-Linie. Bei der Yuurakuchou-Station sollte ich von der U-Bahn in die Yamanote-Bahn umsteigen, was ich schon mal bei einer anderen Station gemacht hatte, und was normalerweise auch kein Problem ist, weil alles immer so gut ausgeschildert ist. Nicht aber bei diesem Bahnhof. Ich wurde mit den Schildern zunächst komplett nach draußen geleitet, wo die Schilder dann plötzlich einfach aufhörten, und bin dann ziemlich verloren umhergeirrt, bis ich aus weiter Entfernung zum Glück die Zuggleise sah. Ziemlich erschrocken stellte ich zu dem Zeitpunkt aber fest, dass ich die Bahn schon verpasst hatte, und dass der nächste Zug erst in einer halben Stunde kommen würde. Mir wurde bewusst, dass ich viel zu spät kommen würde. Auf dem Gleis nahm ich dann auch noch den Zug in die falsche Richtung. Ich wusste jetzt gar nicht mehr, wie das Ganze noch zu retten war. Es würde ja auch einen ziemlich schlechten Eindruck machen, wenn ich gleich am ersten Tag zum Unterricht zu spät kommen würde. Ich sollte von der Yamanote-Bahn dann schließlich nochmal in eine andere Zug-Linie umsteigen. Panisch versuchte ich, bei jedem Halt mit der App zu überprüfen, ob es von dem einen Halt aus nicht möglich wäre, in die andere Bahn umzusteigen. Bei einem Halt hatte ich Glück und ich konnte doch noch auch von der Zeit her problemlos umsteigen, und kam dann sogar 15 Minuten zu früh am Oomori-Bahnhof an. Der Tag war gerettet. Als ich die vier japanischen alten Damen kennenlernte, wirkten sie allesamt sehr nett und sprachen ziemlich unterschiedlich gut Deutsch. Sie hatten mich am Bahnhof abgeholt und wir sind zusammen in einem Café-Restaurant, in dem der Unterricht jede Woche stattfinden sollte, etwas essen gegangen. Die Damen bezahlten mir freundlicherweise die ganze Mahlzeit, und der Ladeninhaber war so wie die Damen sehr fürsorglich. Jede

Unterrichtsstunde sollte von nun an damit anfangen, dass wir erst einmal zusammen essen und auf Japanisch plaudern. Also gar kein schlechter Job. Ich bestellte einen Orangensaft (in welchem garantiert keine einzige Orange drin war, ist ja auch zu teuer) und zum allerersten Mal japanischen Curry-Reis. Das war sehr lecker und schmeckte ganz anders, als die Curry-Gerichte, die ich bis dahin probiert hatte. Auch isst man in Japan das Curry häufig zusammen mit etwas eingelegtem, saurem Gemüse, was perfekt zu der Schärfe des Currys passt. Eine der Damen hatte sich ein eindrucksvolles Matcha-Kakigôri (geraspeltes Eis mit Syrup) bestellt.

Ich erfuhr daraufhin, dass alle vier Damen schon mal in Deutschland waren und teilweise dort sogar mehrere Jahre gelebt hatten. Mit dem richtigen Unterricht fingen wir noch nicht an, stattdessen nutzten wir die erste Stunde, um uns erstmal ein bisschen kennenzulernen. Es ist schwierig, wenn die anderen sich alle so gut kennen und man selber neu dazukommt. Und wenn eine der Damen einen Witz auf Japanisch erzählte, und ich ihn nicht verstand, versuchte ich wie so häufig, etwas peinlich berührt, mitzulachen. Als Geschenk bekam ich erneut kleine Stofftücher, was wohl in Japan ein ziemlich übliches Geschenk ist. Die Japanerinnen tragen diese immer bei sich in der Handtasche, vermutlich weil es in den öffentlichen Toiletten nie etwas zum Abtrocknen gibt. Weiterhin gibt es in den öffentlichen Toiletten auch übrigens nur sehr selten Seife, was bei dem sonstigen Hygiene-Fimmel der Japaner sehr verwunderlich ist.

Matcha-Kakigôri

Am Abend versuchte ich mich durch die ganzen Waseda-Unterlagen zu quälen. Ich konnte innerhalb von vier Stunden aber nur die Hälfte schaffen. Ich informierte mich auch schon, welche Circles (Gruppen mit gemeinsamen Hobbies/Interessen) zu mir passen würden, und fing an, mich zu fragen, warum es an deutschen Universitäten keine oder kaum Circles gibt. An der Waseda Universität gibt es über 500 dieser Circles, und es gibt zum Beispiel Sport-Circles, Politik-Circles, Circles im Bereich japanischer Kultur etc. Auf diese Art und Weise bilden sich Talente heraus, es entstehen lauter kreative Projekte sowie neue Erfindungen. Besonders interessant finde ich diejenigen, die zum Beispiel Filme drehen oder an Robotern arbeiten und diese immer weiter entwickeln. Viele der ernsteren Circles stehen sehr kompetitiv gegenüber den anderen Universitäten, und man versucht, sich stetig zu verbessern, um die eigene Universität so gut wie möglich zu repräsentieren. Ich war natürlich in keinen dieser ernsteren Circles.

Was mir in Tokio auch von Anfang an sehr gefiel, war die stark ausgeprägte Automatenkultur. An jeder Ecke gibt es verschiedene Arten von Automaten, mit vielen verschiedenen Sorten von Getränken. Man entdeckt auch hin und wieder Getränke, die man noch nicht zuvor gesehen hat, und sehr selten oder nur für kurze Zeit angeboten werden. Ich kaufte mir manchmal Soda-Getränke mit Gelee-Stückchen, Kaffee, Calpis, welches auf Milchbasis hergestellt wird und dessen Name ein Gemisch aus den Wörtern Calcium und dem sanskritischen Wort *Sarbis* (Butter-Geschmack) ist. Manchmal probierte ich auch Suppen, und im Winter kaufte ich mir ständig lauwarmen Tee. Bei den Automaten gibt es nämlich sowohl warme, als auch extra gekühlte Getränke zur Auswahl.

Am Tag darauf machte ich einen Ausflug zu der Tokio Universität, auch genannt *Tôdai*, der Nummer eins unter den Universitäten Japans (Waseda ist angeblich auf Platz 10). Sie wurde vor ungefähr 140 Jahren gegründet, ungefähr 7,5 Prozent der Studierenden sind Ausländer. Besucht hatte ich sie aber nicht wegen ihrem guten Ruf, sondern weil ich mir die Gebäude im gotischen Stil ansehen wollte. Diese wirkten aber nicht sehr einladend, und die Uni erinnerte mich ein wenig an Harry Potter.

15. September - Der Engel-Glauben

Bei mir klingelte es, kurz nachdem ich aufgestanden war, an der Haustür. In der Hoffnung, dass es der Postbote sein könnte, riss ich die Tür auf, und sah stattdessen eine japanische Frau vor mir stehen, die zuerst auf fließendem Englisch versuchte, mich in einen Smalltalk einzuwickeln und mir dann erklärte, dass sie in diesem Haus mal eine Französin kannte, die aber vor kurzem ausgezogen ist. Dann fing sie plötzlich an, mir von Engeln zu erzählen und fragte mich, ob ich denn an Engel glauben würde, und ob ich an ihrer Broschüre für Engel-Gläubige Interesse hätte. Ich versuchte die ganze Zeit auf japanische Art und Weise, ihr zuzuhören und ganz verständnisvoll zu gucken und dabei trotzdem alles sehr höflich zu verneinen. Kurz hatte ich sogar überlegt, die Broschüre zu nehmen, nur weil ich das Ganze recht amüsant fand und nicht begreifen konnte, wie Leute an so etwas glauben können. Gerade, weil das Christentum in Japan kaum verbreitet ist, war ich auf so eine Verbindung mit Engeln nicht gefasst. Es gibt schon komische Sekten auf der Welt.

Dann brach ich zu einem japanischen Garten namens *Koishikawa Kôrakuen* auf, der für die Nachbildung historischer Stätten in Miniaturform bekannt ist. Außerdem kann man noch die Fundamente von Schreinen sehen, die entweder bei dem großen Kantô-Erdbeben in 1923 oder während des zweiten Weltkriegs verbrannt sind. Ich hatte zwar nur eine halbe Stunde Zeit bis der Park schloss, und in so gut wie allen größeren Parks in Tokio muss man leider Eintritt bezahlen, aber er hat sich sehr gelohnt, und ich konnte mir innerhalb der kurzen Zeit alles ansehen. Zudem ist der Park ziemlich ruhig und perfekt zum Entspannen. Den Straßenlärm hört man kaum, und die Schreie von der Achterbahn sind auch nur sehr selten zu hören. Der Park ist im Herbst und im Frühling natürlich am schönsten.

Nach dem Park bekam ich auf einmal ziemlichen Hunger, und überlegte, wo ich alleine essen gehen könnte, da meine japanischen Freunde wie immer beschäftigt waren, und ich noch keine Chance hatte, Leute von der Uni so richtig kennenzulernen. Zuerst dachte ich an dieses eine Café, bei welchem denjenigen, die alleine kommen, ein großes Stofftier als Gegenüber gesetzt wird, damit sie sich nicht zu einsam fühlen. So würde ich mir aber nur noch viel merkwürdiger und einsamer vorkommen. Dann fiel mir aber ein, dass die japanischen Businessleute, wenn sie alleine sind und auch nicht viel Zeit haben, Ramen essen gehen. Also bin ich nach Harajuku gefahren, um nach einem guten Ramen-Restaurant zu suchen, und auf dem Weg ist mir dieses Geschäft aufgefallen:

Das Geschäft nannte sich "Alice on Wednesday" und war optisch sowohl von außen als auch von innen sehr interessant. An der Außenwand waren viele Türen in unterschiedlicher Größe angebracht, wobei sich als Eingang die kleinste Tür herausstellte, bei der man sich ziemlich bücken musste. Auch das Innere war mit Alice-Figuren usw. ausgeschmückt, und es gab allerlei zum Verkauf, vor allem Schmuck im Alice-Stil.

Jedenfalls war ich dann doch noch in einem Ramen-Restaurant. Wie immer musste ich erstmal am Automaten das Gericht aussuchen und bezahlen. Dann musste ich drinnen auf einem Fragebogen ankreuzen z.B. wie viel Knoblauch ich haben möchte, wie viel Dashi-Brühe enthalten sein soll, wie scharf es sein soll, wie ich die Textur der Nudeln gerne haben möchte etc. Dann wurde ich aufgerufen und setze mich an eine Art Tresen, bei dem man mit einer kleinen Holzwand vom Sitznachbarn abgetrennt wurde. Sogar nach vorne hin zu der Küche war nur ein kleiner Spalt, durch den noch weitere Bestellungen aufgenommen und das Essen durchgeschoben wurde. Auch ein paar Knöpfe, um die Bedienung zu rufen oder anzugeben, dass man nur temporär aufstehen möchte, waren seitlich an der Wand angebracht, und ein Wasserhahn mit Bechern war wie üblich vorhanden.

Das Essen war gut, nur extrem scharf, obwohl ich doch 'sehr wenig scharf' angegeben hatte. Wegen der Schärfe floß meine Nase ununterbrochen.

So langsam fing ich dann auch an, mich an das Wetter in Tokio anzupassen, und fand die Hitze mittlerweile gar nicht mehr so unerträglich, sondern sehr angenehm. Im September waren im Durchschnitt immer so um die 30 Grad mit einer sehr hohen Luftfeuchtigkeit. Die Leute in Tokio waren aber trotzdem immer voll bekleidet und liefen auch bei über 30 Grad weiterhin mit langer Hose, Strickjacke und Jackett herum. In dem Sinne konnte ich mich nie anpassen.

Auch versank ich mit der Zeit immer mehr in dem Problem mit den Plastiktüten. In meinem Zimmer wusste ich gar nicht mehr, wo ich sie noch unterbringen könnte, und manchmal steckten die Kassierer mir vorsichtshalber noch mehr eingewickelte Plastiktüten in die Plastiktüten für die eingekauften Waren zu, für den Fall, dass man doch noch nicht genug hat, um das Haus damit zu pflastern. Jetzt weiß ich auch, warum die Plastikinsel im Pazifik eine so massive Größe annimmt. Die Japaner müssen in dem Bereich endlich mal was ändern.

16. und 17. September – Von schmalen Gesichtern

Ich war an einem Wochenende kurz in Yanaka, einem etwas älteren und gemütlicheren Stadtteil mit sehr viel nostalgischem Charme. Die Haupteinkaufsstraße ist die Yanaka Ginza, die eine Vielzahl an Handwerksprodukten und eine ebenso große Auswahl an Straßen-Imbissen bietet. Das gesamte Viertel steht so stark im Kontrast zu den modernen Vierteln wie Roppongi oder Shibuya, dass man sich gar nicht so vorkommt, als wäre man noch in Tokio. Erstaunlicherweise gibt es in der Yanaka Ginza viele Katzenstatuen und Katzenprodukte, jedoch ist der genaue Ursprung hierfür unbekannt. Bekannt ist für Yanaka auch der große Friedhof *Yanaka Reien*, aber der ist etwas weniger charmant. Ich wusste sofort, dass ich an diesen Ort noch mehrfach hinkommen würde, denn so ein friedlicher Ort gefiel mir einfach besser als die Stadtteile, bei denen man sich durch die Menschenmassen zwischen unschönen Hochhäusern quetschen muss, während man von allen Seiten von riesigen Werbe-Bildschirmen beschallt und bestrahlt wird. Das kann auf die Dauer wirklich anstrengend sein. In der Yanaka Ginza bekam ich von kichernden, etwas schüchternen Schulmädchen Fragebögen in die Hand gedrückt und musste angeben, was ich in diesem Stadtteil überhaupt mache, wie ich hier hingekommen bin usw.

Abends war ich dann mit neuen Freunden in Ikebukuro und hielt mich etwas in den Spielhallen auf. Das ist schließlich etwas, womit viele der jungen Japaner ihre Freizeit verbringen, und in Ikebukuro ist die Anzahl der Spielhallen auch ungewöhnlich hoch. Man muss sich, sobald man die Halle betritt, auf einen ziemlich hohen Lärmpegel gefasst machen, obwohl das natürlich je nach Stockwerk und Art der Spiele unterschiedlich ist. Unglaublich ist auch, wie flink die Handbewegungen der Japaner an diesen Geräten sind. Aber bei denjenigen, die mehrmals in der Woche mehrere Stunden am Stück spielen, ist das ja auch kein Wunder, und mit sehr viel Übung bekommt das wahrscheinlich jeder hin. Auch bei den tanzenden Leuten auf den Tanzmatten macht es Spaß zuzuschauen. Ich verlor natürlich meistens gegen die Anderen recht schnell, und bei den Greifautomaten konnte ich mir auch kein Kuscheltier holen. Ich habe aber sowieso noch nie gesehen, dass das jemals jemand geschafft hätte. Also am besten man gibt schnell auf, sonst kann ganz schön schnell eine Menge Geld verschwinden. Das gilt auch bei den anderen Spielautomaten. Danach waren wir in einem *Teishoku*-Restaurant essen, bei dem man recht günstige Menü-Sets bestellen kann. Ich hatte aber keinen großen Hunger und bestellte mir deswegen nur Nattô und einen Matcha-Eisbecher. Das Matcha-Eis war das leckerste, das ich jemals hatte, vor allem auch weil Motchi-Klebreis, süße rote Bohnen, süße Sahne und tatsächlich auch mal gut schmeckender Glibber enthalten war. Das Nattô (fermentierte Sojabohnen), das meistens von Nicht-Japanern angeblich wegen der schleimigen Fäden gehasst wird, wurde von mir allerdings zunächst wegen dem sehr starken Geschmack wenig gemocht. Vom Geschmack her hat es aber eigentlich eine große Ähnlichkeit mit einem guten französischen Käse. Mit der Zeit fing ich aber an Nattô immer mehr zu mögen, und mittlerweile liebe ich es.

Ich war erstmal ganz schön perplex, als ein Freund von mir auf einmal meinte, was für ein unglaublich winziges Gesicht ich hätte. Aber in Japan soll das ja wohl das größte Kompliment sein, das es gibt. Die Schönheitsideale in Japan sind schließlich doch ganz anders, deswegen musste ich das unbedingt nochmal recherchieren. Ein kleines Gesicht bedeutet vor allem, dass es schmal und oval ist und der Kiefer V-förmig, also ein bisschen spitzer ist. Das nennt man dann *kogao*, was in Japan aber komischerweise als elegant und feminin gesehen wird. Wichtig ist wohl auch die Proportion des Körpers zu dem Gesicht, wobei der Kopf 1/8 der Höhe des Körpers einnehmen sollte. Deswegen gibt es in den Convenience Stores auch immer so komische Produkte wie Gesichtsmasken, die wohl das Gesicht ein bisschen zusammenziehen sollen, oder Mundstücke, die das Gesicht schmaler wirken lassen und wohl auch die Haut straffen sollen. Natürlich werden auch in vielen Magazinen Frisuren beschrieben, die den Anschein eines Kogao erzeugen sollen. Das Ganze wurde auf irgendeine Art und Weise von den Medien verursacht, was die Schönheitsindustrie natürlich sofort aufnahm. Und den Japanern scheint es noch viel wichtiger zu sein, immer genau mit dem Trend zu gehen, als den Deutschen.

Für den Sonntag war eigentlich ein Ausflug nach Asakusa zusammen mit einem internationalen Circle der Uni geplant. Dieser fiel allerdings ganz schön ins Wasser, was zum einen an dem Taifun Talim lag. Es regnete wirklich ununterbrochen und ziemlich heftig. Ich wollte natürlich trotzdem an dem Ausflug teilnehmen und machte mich zum Treffpunkt an der Uni auf. Als ich dort ankam, war ich aber schon trotz Schirm und Regenjacke klitschnass. Der Regen kommt in Japan von allen Seiten und ich hatte nur einen kleinen, klapprigen Schirm aus Deutschland mitgebracht, während die Japaner in der Regen-Saison riesige Hauben als Schirm mit sich tragen, die einen tatsächlich vor dem Regen schützen. An dem Treffpunkt sah ich dann auch niemanden. Ein bisschen weiter standen ein paar Leute, komplett in Ganzkörper-Regenanzügen bekleidet und ich fing an mich zu fragen, wieso ich so etwas eigentlich machen wollte. Schließlich ist Asakusa etwas, was man nur bei schönem Wetter richtig genießen kann. Also machte ich mich doch zerknirscht wieder auf den Heimweg.

Das einzige Mal, an dem ich an dem Tag noch draußen war, war abends, um mir das Fest des Nezu-Schreins anzusehen. Zum Glück hörte ich schon von weitem den Singsang und konnte mich schnell der kleinen Parade von zwanzig Leuten anschließen. Die Hälfte davon waren Männer, die mit Schriftzeichen auf dem Rücken den mobilen Schrein trugen. Ich kam mir ein bisschen verloren vor, zum einen, weil ich den genauen Hintergrund und das, was da vor sich ging, nicht genau verstand, und zum anderen, weil sich alle untereinander wohl kannten. Als die Parade vorbei war, lief ich enttäuscht mit dem Gedanken davon, dass das vielleicht alles war, was das Fest zu bieten hatte. Ich lief also etwas um das riesige Gelände des Schreines herum, und fand einen Eingang, hinter dem aber alles stockduster war. Neugierig war ich aber trotzdem, also lief ich weiter, bis ich plötzlich dann doch an dem Kern des Festes angelangte. Hier war ein Platz mit verschiedenen Spiele-Büdchen, wie bei uns auf dem Jahrmarkt, sowie auch Essens-Büdchen, die größtenteils Takoyaki oder Yakisoba anboten. Wegen des Regens war aber nicht viel los, und das Fest fing auch schon an, sich aufzulösen.

18. bis 20. September – Die Willkommensparty

Die Temperatur ist nach den Regentagen von einem Tag auf den anderen plötzlich wieder um mehr als zehn Grand angestiegen. Nun waren es wieder über 30 Grad mit praller Sonne, als wäre nichts gewesen. Ich holte mir auch sofort einen Hitzestich und Sonnenbrand. Ich machte mich trotzdem wieder auf, um mir ein weiteres Sharehouse anzusehen und plante, wenn alles klappen sollte, in einem Monat in dieses umzuziehen. Ich müsste mir in diesem zwar mit etwas mehr Leuten Küche und Bad teilen, aber dafür war es um einiges sauberer als das damalige Sharehouse. Auf dem Rückweg kam ich an der Waseda vorbei, an der gerade ein Fest für Familien veranstaltet wurde. Es gab mehrere Büdchen, und auf einer Bühne wurde mit traditionellen japanischen Instrumenten (ich glaube das waren Shamisen) Musik gespielt.

Anstatt zu kochen, kaufte ich mir vor allem in den ersten Wochen die meiste Zeit Fertig-Essen aus den Konbini, in denen es ein ganzes Sortiment an Lunchboxen gibt, die gar nicht mal so schlecht schmecken. Auch in den Supermärkten gibt es immer viele abgepackte Fertig-Mahlzeiten, die recht frisch schmecken.

Die schönste Zeit am Tag ist in Tokio übrigens aus meiner Sicht eindeutig so um 17 Uhr zur Abendsonne. Und das ist so das ganze Jahr hindurch, weil es im Winter und Sommer immer so zur gleichen Zeit, gegen 17 oder 18 Uhr, dunkel wird. Gerade im Sommer ist die Luft zu dieser Zeit einfach sehr angenehm, die Zikaden zirpen laut und alles wirkt sehr entspannt. Das ist auch die Zeit, zu der die Kinder auf den Straßen spielen und händchenhaltende Pärchen durch die Straßen schlendern, was, wie ich dachte, beides in Japan sehr selten wäre.

Die Willkommensparty für die Austauschstudenten an der Waseda war ganz nett, wenn auch ein bisschen kurz. Ich kam in die Halle hinein und fand mehrere Tische mit Getränken vor, an die man sich wohl einfach stellen und mit anderen unterhalten sollte. Ich konnte mich nur schlecht entscheiden, wohin ich gehen sollte, weil ich wirklich gar niemanden kannte. Ich ging zu einer Gruppe Frauen, wo wir uns erstmal ganz steif vorstellten. Von dem Smalltalk bekam ich aber schnell genug und versuchte nach etwas extrovertierteren, ausgefalleneren Leuten Ausschau zu halten, mit denen ich mich vielleicht besser verstehen würde. Der Lärmpegel war auch viel zu hoch, um sich entspannt unterhalten zu können. Das Büffet allerdings war relativ üppig. Auch der Nachtisch war sehr ansprechend, und ich nahm mir soviel von dem kostenlosen Obst wie ich konnte, weil mir das in den Supermärkten zu teuer ist. Währenddessen wurde die ganze Zeit über versucht, Präsentationen zu halten, was nicht ganz so gut klappte, weil alle sich entweder unterhielten oder um das Buffet kämpften. Die Japaner müssen ein ganz schön schlechtes Licht von ausländischen Studenten bekommen haben. Aber das haben sie vermutlich sowieso schon längst. Eine Präsentation fand ich aber recht interessant, und das war die von der Unterkunft bei japanischen Gastfamilien. Ansonsten spielten wir noch Bingo, und dann gab es noch ein paar schlechte Tanzaufführungen von japanischen Männern in Schulröcken.

Nach der Feier bin ich mit Jemandem, den ich schon von der Bonner Uni kannte, und seinen Freunden ein bisschen etwas trinken gegangen. Das Bier schmeckte zwar schrecklich, aber dennoch war dies eine viel bessere Möglichkeit, um Andere kennenzulernen, denn im Nachhinein war die Willkommensfeier wirklich etwas zu steif und zu laut. Nur das Bezahlen war ein Problem. Mit dem Kellner mussten wir lange diskutieren. Wir wollten natürlich getrennt bezahlen und erklärten ihm immer wieder, wer genau was bezahlen würde. Das wollte er aber nicht annehmen oder schien es nicht zu verstehen, und erklärte auch nicht mal, was genau eigentlich das Problem sei. Erst nach zehn Minuten diskutieren erklärte er schließlich, dass getrennt bezahlen nicht möglich wäre. Wieso er sowas nicht gleich gesagt hat, sondern stattdessen nur die ganze Zeit über stumm gelächelt hatte, verstand keiner. Also bezahlte ich erstmal für alle und ließ mir das

Geld von den Anderen mitsamt ihrem Anteil von der Tischgebühr zurückgeben. Danach wollten wir noch unbedingt in ein preiswertes Izakaya, sind aber eine Stunde lang nur herumgeirrt und konnten einfach kein gutes finden. Und bei den einigermaßen annehmbaren Izakayas gab es immer irgendein Problem. Ich hatte schnell keine Lust mehr, und habe dann doch etwas verfrüht schon den Zug nach Hause genommen. Irgendwie macht es doch viel mehr Spaß mit Japanern unterwegs zu sein, weil die sich in Tokio einfach besser auskennen.

Am nächsten Tag hatte ich wieder meinen Nebenjob. Diesmal war es aber die erste richtige Unterrichtsstunde, denn das Treffen letzte Woche war ja eher zum Kennenlernen gedacht. Der Weg dahin war zwar lang und beschwerlich, und ich machte mir auch durchgehend Sorgen, ob ich den Weg zum Restaurant alleine auf Anhieb finden würde, aber einmal angekommen, bekam ich wieder eine kostenlose Mahlzeit serviert. Für die Mahlzeiten lohnte sich der beschwerliche Weg jede Woche allemal. Dieses Mal hatte ich ein Menü mit Spaghetti Carbonara (ein sehr merkwürdiges Carbonara mit großen Zwiebelringen und Paprika) und Eilaufsuppe und Salat. Es ist ja schließlich auch ein italienisches Restaurant, auch wenn die japanisch-italienischen Gerichte etwas anders sind. Danach teilte ich mir ein Matcha-Kakigôri-Eis mit einer Dame. Die Stunde verlief ganz gut, auch wenn die meiste Zeit mit Essen und japanischem Geplauder verbracht wurde. Ich glaube, den vier Damen waren die Deutschstunden auch als sozialer Treffpunkt besonders wichtig. Nach dem Essen sind wir einen vereinfachten Textausschnitt aus Tom Sawyer durchgegangen. Das hatte den Vieren glaube ich ganz gut gefallen. Auf dem Rückweg kam ich dann leider wieder in die Rushhour, was gerade in Tokio ganz schön anstrengend sein kann, wenn man sich mit allen Geschäftsleuten in die Züge quetschen muss.

Kawagoe: Zurückversetzt in die Edo-Zeit

Ich verbrachte einen ganzen Tag in einer kleinen Stadt namens Kawagoe, die sich etwas weiter auf dem Land in der Präfektur Saitama befindet. Mit dem Zug muss man aber nur dreißig Minuten fahren. Das Besondere an Kawagoe ist, dass die meisten Häuser noch so aussehen wie zu der Edo-Zeit. Kawagoe war früher eine Handelsstadt, die das alte Edo versorgte, wodurch es sehr schnell reich wurde. Die Häuser haben einen sehr besonderen Stil, mit sehr massiven Dächern und dicken Lehm-Wänden. Nach dem großen Brand im Jahr 1893 hörte man nämlich auf, traditionelle Holzhäuser zu bauen, und entwickelte einen eigenen Stil: den Kurazukuri-Baustil. Der Ausflug wurde von der Uni veranstaltet, und wie es mit größeren Gruppen so üblich ist, lernt man einen Ort nicht so intensiv kennen, wie man vielleicht möchte. Wir sahen uns die wichtigsten Handelsstraßen, die mit vielen kleinen Geschäften, die Handwerkliches (obwohl eigentlich eher Kitsch für Touristen) und Süßspeisen aus Süßkartoffeln anboten, an. Die Mochi (Reiskuchen) mit Süßkartoffel und Anko (rote Bohnenpaste) sind sehr zu empfehlen. Zwischendurch sind wir von der Hauptstraße in kleinere Gassen abgezweigt, und liefen an verschiedenen Schreinen und dem Glockenturm von Kawagoe vorbei. Ich hatte mich dann mit einer kleineren Gruppe verselbstständigt, und wir sind zum Kitain Tempel gelaufen, wo wir viel zu kurz hielten. Ich hätte mir die Anlage am liebsten noch viel gründlicher angeschaut. Bekannt ist der Tempel für die 450 Statuen von Schülern Buddhas.

Die Warenhäuser im Kurazukuri-Stil

Ein kleinerer Schrein an der Haupt-Handelsstraße

Kitain Tempel

Mir gefiel in Kawagoe am meisten das nostalgische Ambiente, mit dem man sich in die Edô Zeit zurückversetzt fühlt. Auch die ruhigeren Orte, fern von der Haupt-Handelsstraße, an der sich die Touristen tummeln, waren mit Gedanken an Tokio sehr angenehm.

23. September – Japanische Beatles

Am nächsten Tag ging ich zu einer Messe an der Uni, bei welcher sich die Circles präsentierten. Es war sehr interessant, Japanerinnen beim Flamenco und Japanern beim Spielen von Beatle-Songs zuzusehen. Sowohl die Tänzerinnen als auch die Band waren erstaunlich gut, und man sah, wie viel sie unter der Woche immer so trainieren. Den "Beatles" kann man auch beitreten, wenn man gar kein Instrument spielen kann. Zwei aus der jetzigen Gruppe konnten wohl auch vor einem Jahr noch kein Instrument spielen und spielten mittlerweile ziemlich professionell. Die Aufführung des japanischen Tanzes *Soran Bushi*/ソーラン節, ein Seemann-Tanz aus Hokkaido, war auch sehr faszinierend und irgendwie mitreißend. Außerdem war er einer der lustigsten Tänze, die ich je gesehen hatte. Die

Bewegungen und Stimmen vom Gesang waren sehr kräftig und ausdrucksvoll, wobei dieser Eindruck des Gesanges auch an dem Dialekt und der alten Sprache liegen könnte. Mit dem Tanz wird eine Seemanns-Geschichte erzählt, die man auch ohne die Sprache zu verstehen erahnen kann.

Ich musste danach zu dem Büro von meinem Sharehouse. Das zu finden war aber gar nicht so einfach. Ich bin viermal um den gleichen Block gelaufen, guckte bei jedem einzelnen Hochhaus auf die Schildchen und habe es dann erst mit viel Abstand erkannt, weil bei einem Hochhaus im fünften Stock ein Aushang war. Ich konnte irgendwie nicht den Eingang zum Gebäude finden und fand dann heraus, dass ich nur durch einen kleinen, klapprigen Fahrstuhl in das Gebäude kommen konnte. Eine Alternative wäre die Fluchttreppe außen gewesen, nur dass die Türen von außen aus alle verschlossen waren. Ich habe dann noch nach Winterkleidung geschaut, weil ich absichtlich nicht so viel an warmhaltender Kleidung eingepackt hatte. Mit den Größen hatte ich zum Glück nicht so große Probleme. Bei den Umkleidekabinen musste ich nicht die Schuhe ausziehen, bekam aber eine Gesichtsschutzmaske (Frauen bekommen diese Masken, damit ihr Make-Up beim Umziehen nicht verschmiert) für mein doch offensichtlich ungeschminktes Gesicht. Aber so einen Fall hatten sie hier in Japan wahrscheinlich noch nicht. Nachdem ich um die zwanzig Stücke anprobiert hatte, bin ich aber trotzdem mit leeren Händen nach Hause gegangen. Mit der japanischen Mode kam ich einfach noch nicht klar.

Auf dem Rückweg musste ich erstmal zum Shibuya Bahnhof, wo ich immer wieder von Leuten angerempelt wurde oder selbst Andere anrempelte, weil ich einfach nicht die Koordination für diese Menschenmassen habe. Das kann sehr nervig und manchmal auch schmerzhaft sein. Und im Bahnhof von Ikebukuro, wo ich meistens umsteigen musste, ist es das Gleiche. Es ist genauso voll, und selten kam ich ohne blaue Flecken davon.

Der heilige Berg Takao - Wo der Dämon mit der langen Nase lebt

Niemals werde ich den Ausflug auf den kleinen, heiligen Berg namens Takao-san, der mit dem Zug nur etwa eine Stunde von Tokio entfernt ist, vergessen. Er ist nur 599 Meter hoch und die meiste Strecke hatten wir uns mit der Seilbahn hochgemogelt, weswegen wir dann nur noch ca. 150 Meter nach oben „wandern" mussten. Wir hatten anderthalb Stunden Zeit, um an der Spitze anzukommen, weswegen wir ziemlich langsam gehen und häufig zum Essen anhalten konnten. Die Treppen waren teilweise schon recht steil und lang, aber nicht so schlimm wie die Horror-Treppe, die von meiner Uni zu meinem Sharehouse, welches sich auf einem Hügel befindet, führt. Leider war ich die einzige Nicht-Asiatin und die Koreaner und Chinesen konnten kein Englisch, dafür aber fließend Japanisch sprechen, was es für mich nicht so einfach machte. Aber immerhin hatte ich so einen Japanisch-Intensivkurs.

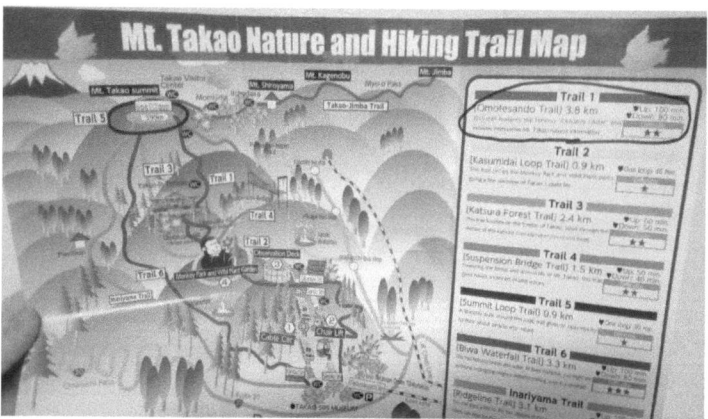

Eine Karte der Wanderpfade - Der breite, gut ausgebaute Weg Nr. 1 ist bei weitem der beliebteste Wanderweg.

Eingang zur Seilbahn mit Abbild des Dämonen Tengu, Bewohner des Berges und charakteristisch mit der langen Nase

Die Seilbahn fuhr so steil hoch, dass wir fast senkrecht standen.

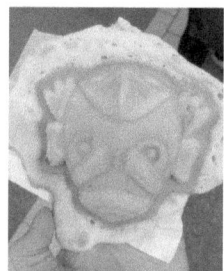

Japanischer Pfannekuchen mit süßer Bohnenpaste gefüllt; in Affenform, weil es auf dem Berg auch einen Affenpark gibt

Am schönsten ist der Takao-san angeblich im Herbst, wenn sich die Ahornbäume blutrot färben. Nur leider kommen zu der Zeit die Touristen auch in Massen, weswegen es sich lohnt, an einem Wochentag zu gehen.

Die Namen von Leuten, die auf die Erfüllung ihrer Wünsche hoffen

Nochmal der Tengu mit seiner langen Nase

An diesem Schrein, ausgeschmückt mit einer Traube von Glöckchen an den Seilen und einem goldenen Drachen im Inneren, kann man sich in Bezug auf Liebes-und Ehebeziehungen etwas wünschen. Der Schrein daneben erfüllt Wünsche in Bezug auf Reichtum.

Der bunte Hauptschrein

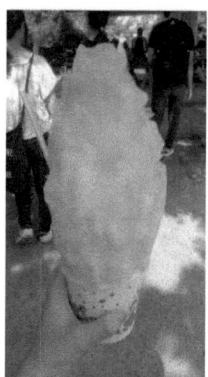

Kakigôri/geraspeltes Eis mit Mango-Syrup

Es war wirklich wunderbar, mal aus Tokio rauszukommen in die Natur. Denn so viel Grünes hatte ich zu der Zeit schon lange nicht mehr gesehen. Natürlich ist dieser Berg ein wenig touristisch und sehr beliebt, aber er ist auch wirklich etwas Besonderes mit seinen Tempeln, die einer Mixtur aus Shintoismus und Buddhismus angehören, und seinen Essens-Spezialitäten. Abgesehen von diesen Spezialitäten ist das Essen auf dem Berg allerdings sehr überteuert, worauf man aufpassen sollte. Der Ausblick war nicht so atemberaubend in dem Sinne wie erhofft, sondern eher in dem Sinne, dass es atemberaubend diesig war. Schließlich befanden wir uns immer noch in der Nähe von Tokio. Aber das Wetter war sehr schön und ich genoss den ganzen Ausflug sehr.

Die Blumensteckkunst Ikebana

Ich war zum ersten Mal bei einem Ikebana-Kurs, welcher von einer Japanerin, die schon 30 Jahre lang Erfahrung mit Ikebana hatte, unterrichtet wurde. Meine Kreation entsprach zwar nicht ganz dem, was es nach den Regeln werden sollte, und überhaupt hatte ich so meine Schwierigkeiten, aber dennoch konnte ich eine Menge lernen. Ich denke, dass wenn man Ikebana über längere Zeit praktiziert, man wirklich gut zur Ruhe kommen kann. Ikebana gibt es anscheinend schon, seitdem der Buddhismus nach Japan gebracht wurde, und es hat somit etwas Spirituelles an sich. Ganz im Gegensatz zu dem westlichen Blumengesteck geht es um Minimalismus und Extraktion. Die Blumen und Äste werden im Wasser erstmal zweimal beschnitten, um sie zu "erwecken" und werden dann so arrangiert, dass ein Dreieck entsteht. Natürlich gibt es viele verschiedene Stile und Richtungen, und ich habe bis jetzt nur diesen einen Stil kennengelernt. Wir durften das Arrangieren dann auch selber versuchen und bekamen die Anweisung, am besten drei Zweige und zwei bis drei Blumen zu nehmen. Das war zum einen wegen der kleinen, engen Vase sehr schwierig. Auch um eine gute Kombination zu finden, die dennoch den Prinzipien des Ikebana entspricht, brauchte ich erstaunlicherweise viel Konzentration. Ich hätte stundenlang daran arbeiten können, um die Kreation zu perfektionieren. Auch wenn mir das Ikebana beim ersten Versuch nicht so gut gelungen ist, hatte ich immerhin tagelang eine schöne Rose im Zimmer.

Weil ich nun schon ein paar Wochen in Tokio lebte, ließ ich ein japanisches Siegel, auch Inkan genannt, in Auftrag geben, um ein Bankkonto zu eröffnen. So ein Siegel wird gebraucht, um der Bank zu bestätigen, dass man weder zur Mafia gehört noch in sonstige politische Intrigen verwickelt ist. Die Frau an der Theke meinte zu Recht, dass ich bestimmt noch nie ein Inkan benutzte hätte, und fing an mir zu demonstrieren, wie man ihn richtig benutzt. Ich dachte, dass jeder doch einen Stempel benutzen könne: Man drückt ihn erst auf das Stempelkissen und dann einfach auf das Papier. Aber bei einem japanischen Siegel gibt es eine besondere Technik. Die Frau zeigte mir erstmal die genaue Handhaltung, die man haben sollte, und meinte, dass ich das Siegel zuerst ganz schnell "Pam Pam Pam!" auf das Stempelkissen, und dann so fest wie möglich auf das Papier drücken sollte. Die Frau war so beherzt und liebenswürdig wie meine Oma, weswegen ich sie gleich mochte. Dann war ich dran, es auszuprobieren. Zuerst war bei mir der Winkel meiner Handhaltung aber wohl nicht ganz korrekt, was schnell korrigiert wurde, und dann hatte ich den Stempel einfach nicht fest genug aufgedrückt, obwohl ich wirklich mein Bestes gab. Mein eigenes Siegel zu haben, machte mich überglücklich.

Das historische Herz von Tokio

In Tokio gibt es viele unterschiedliche Viertel zu erkunden. Zu den bekanntesten gehört das historische Viertel Asakusa, bei dem der nostalgische Charme in den touristischen Massen etwas untergeht. Trotzdem sind die Tempel und Schreine sehenswert und auch die Geschäfte mit traditionellen Süßigkeiten sind interessant. Ich verbrachte einen ganzen Sonntag dort mit einer Gruppe, die teils aus einem internationalen Circle namens WIC und teils aus anderen Austauschstudierenden bestand. Zwei von den drei anderen Austauschstudenten unterhielten sich die ganze Zeit über auf Japanisch, was ich super fand. Als wir uns in Asakusa am Bahnhof trafen, fiel die Entscheidung, dass wir als erstes Soba essen gehen würden. Ich hatte zum allerersten Mal richtiges Soba (dünne Buchweizen-Nudeln), das auf einem siebartigen Bambus-Tablett serviert wurde. Die kalten Soba-Nudeln sollte man in eine Brühe mit Gemüse tunken und mit einer riesigen frittierten Tempura-Garnele, deren Knusprigkeits-Grad perfekt war. Dann versuchten wir, uns durch die Touristen-Massen zu dem Asakusa-Tor (eigentlich heißt es ja *Kaminarimon*) durchzuringen. Ich hatte vor drei Jahren schon einmal Asakusa besucht. In dem Viertel hatte sich seitdem nicht vieles verändert, davon abgesehen, dass das Asakusa-Tor im Gerüst stand. Aber sonst war es immer noch voll gepackt mit dicht aneinander gedrängten Leuten, die sich vor allem als Touristen und Japaner in Kimonos herausstellten. Sobald man durch das Tor unter dem großen Lampion hindurchgeht, breitet sich vor einem eine kleine Straße aus, bei der sich Geschäfte und Stände bis hin zu den Tempeln aneinanderreihen. Sie bieten unter anderem Souvenirs, wie zum Beispiel japanische Süßigkeiten, Kimonos oder dämonische Masken an. Es gibt immer etwas Interessantes zu entdecken.

Sobald man das Ende dieser kleinen Straße erreicht, gelangt man durch ein weiteres Tor zu dem Sensō-Tempel, vor dem ein großer Kessel mit Weihrauch steht. Bei diesem soll man sich den Rauch zufächeln, um intelligenter zu werden und besser hören zu können, was ziemlich merkwürdig ist. Daneben gibt es, ebenfalls bei einem buddhistischen Tempel üblich, ein Becken mit Kellen, bei dem man sich die Hände wäscht und den Mund ausspült. Im Inneren des Tempels ist es üblich, ein 5 Yen Stück zu werfen, wonach man zweimal in die Hände klatscht und sich etwas wünscht. Daneben kann man ebenfalls sein Geld loswerden mit einer Art Wahrsagerei. Vor einem Schränkchen mit vielen nummerierten Schubladen soll man, nachdem man Geld eingeworfen hat, zuerst eine längliche, metallene Box schütteln, aus der man dann ein Stäbchen mit einer Nummer zieht. Dann sucht man nach der Schublade mit der richtigen Nummer und holt einen Zettel heraus, welcher einem die Zukunft voraussagen soll. Das nennt man *omikuji*. Es gibt 12 verschiedene Glücksstufen, und ich zog glücklicherweise einen Zettel mit der höchsten Glücksstufe. Wenn man eine der fünf Stufen, die unter "Unglücksbringend" kategorisiert sind, zieht, befestigt man den Zettel an einer Stange im Tempel, und diese Zettel werden dann verbrannt. Ansonsten nimmt man den Zettel mit nach Hause. Danach wurden wir in Richtung Skytree, den 634 Meter hohen Fernseh-und Rundfunksendeturm, geführt und hielten auf dem Weg an einem Matcha-Laden, in dem ich den leckersten Matcha-Latte in meiner gesamten Zeit in Tokio hatte. Wir mussten nur noch den Fluss überqueren und schon waren wir am Skytree angelangt. Es war das erste Mal, dass ich dort war. Wenn man unten am Turm steht und nach oben schaut, ist er schon sehr beeindruckend. Wir waren aber nicht ganz oben, sondern im *Solamachi*, einem riesigem Geschäftekomplex unter dem Skytree, in dem es hochwertige, traditionelle Ware gibt. Besonders zu empfehlen ist das Geschäft *Asakusa Amezaiku Ameshin*, bei dem kleine, sehr detaillierte Skulpturen aus Zucker hergestellt werden. Am schönsten sind dort die zuckrigen Goldfische.

Nach dem Ausflug gab es eine Feier, die von WIC organisiert wurde. Bei dieser Feier gab es ganz interessante Pizzasorten, wie zum Beispiel Kartoffel-, Mais- oder Thunfisch-Pizza mit Mayonnaise, welche aus italienischer Sichtweise ganz schön schockierend sein können. Die Japaner können mit Pizzen wirklich nicht viel anfangen, aber die japanischen Süßigkeiten waren sehr lecker. Sogar die Süßigkeit, auf deren Abbildung dargestellt wurde, dass man beim Verzehr stirbt (ich hatte nachgefragt, und es handelte sich doch nur um die Verschluck-Gefahr bei Kindern). Dann hatten wir wieder Bingo gespielt. Das war diesmal ein Länder- und Städte-Bingo, bei dem wir erstmal zwanzig Leute nach ihren Herkunftsländern fragen sollten. Eigentlich eine gute Gelegenheit, um andere Leute kennenzulernen.

Das Leben in Japan

Es war nicht leicht, in Worte zu fassen, was ich zu dem Zeitpunkt für ein Bild von Japan hatte, oder was es für ein Gefühl war, an diesem Ort zu wohnen. Als ich genau einen Monat dort war, fing ich an, auch wenn ich noch gemischte Gefühle hatte, mich etwas einzuleben, und der Rückblick auf den ersten Monat ist ein Bündel aus Bildern, Momenten, die besonders einprägsam waren, und Gefühlen. An manchen Tagen ging wirklich alles schief, ich bekam ein bisschen Heimweh und fragte mich, warum ich das Ganze überhaupt machte. An anderen Tagen sah ich wieder all das, was ich an Japan schön finde, und wofür ich in dieses Land gekommen war.

Zum Beispiel hatte ich einen sehr schönen Weg zur Uni, der über einen kleinen Fluss und durch eine ruhige Gegend führte, in der mir ab und zu Frauen im Kimono begegneten.

Abends ging ich dann häufiger noch zu meiner Circle-Gruppe, um ihr beim Malen oder Nähen von Kostümen zu helfen. Die Universität hatte sogar extra ein zwei-türmiges Hochhaus, das allein für die Ausübung sämtlicher Aktivitäten von den Clubs und Circles gedacht war. In diesem Gebäude ging es immer laut und wild zu. Gruppen trafen sich, um auf den Fluren ihre Instrumente zu üben, zu tanzen, oder um Projekte zu besprechen. Jedenfalls können sich alle grenzenlos in jeglicher Art kreativ austoben, was ein wichtiger Teil im japanischen Studentenleben zu sein scheint.

Eines Tages nahm ich, weil ich keine Uni hatte, den Zug in Richtung der Präfektur Chiba. Der Zug fuhr am Meer entlang und kam an Disneyland vorbei. Kurz hinter dem Disneyland fand nämlich die IT-Messe CEATEC (Combined Exhibition of Advanced Technologies) statt.

Ein Tischtennis-Roboter

Eigentlich lag mein Interesse hauptsächlich daran, Roboter zu sehen, welche man aber nur selten zu sehen bekam, und wenn, dann waren es meistens keine sinnvollen oder besonders interessanten Roboter. Auch war mein Japanisch noch nicht auf dem nötigen Niveau, und ich kannte mich auf vielen spezialisierten Gebieten nicht gut aus, weswegen es schwierig war, die neuesten Innovationen zu verstehen. Außer mir sah ich auch, bis auf wenige Ausnahmen, irgendwie nur Businessmänner in Anzügen auf der Messe.

Wenn Verirren zum Hobby wird

Eines Tages musste ich mir die Frage stellen, was man an einem verregneten, eisigen Tag in Tokio machen kann, wenn man keinen Unterricht hat. Da gäbe es natürlich die Möglichkeit, in Museen zu gehen, wie zum Beispiel in das Tokio-Edo Museum oder das Soba-Museum in Yokohama. Oder man könnte in einem der Kaufhäuser die Zeit vertreiben, die manchmal so riesig sind, dass Leute wie ich sich stundenlang darin verirren können. Verirren war übrigens häufiger mein ungewollter Hauptzeitvertreib, so wie auch an dem verregneten Tag, als ich die U-Bahn nach Roppongi nahm, weil ich zu einem bestimmten Kaufhaus wollte, um japanische *Wagashi* (traditionelle Süßigkeiten) zu kaufen. Erstens war es schwierig, das Kaufhaus zu finden und zweitens war ich wohl eigentlich schon in einer Halle, die teils zum Kaufhaus gehörte angelangt, nahm dann aber aus Versehen einen unterirdischen Gang, der in Richtung Bahnhof führte, und war auf einmal wieder an der gleichen Stelle, an der ich vor einer Stunde schon war. In Tokio heißt es aber sich verirren, nicht aufgeben und sich nochmals verirren. Im Bahnhof von Shunjuku gibt es auch ab und zu Experimente, in denen Ausländer vom West Exit aus den East Exit finden sollen, was sich zwar ziemlich einfach anhört, aber unglaublich kompliziert sein kann. Manchmal werden dafür zwei Stunden gebraucht. Immer den Schildern folgen klappt nämlich nicht immer. Aber auf diese Art und Weise konnte ich viel von Roppongi sehen. Roppongi Hills ist ein Viertel, das recht modern wirkt und von vielen Ecken aus mit Lautsprechern beschallt wird. Dort leben auch sehr viele Ausländer, zum größten Teil Amerikaner, und es ist vor allem für auf Ausländer ausgerichtete Nachtclubs und Bars bekannt. In einem Kaufhaus namens Tokyo Midtown hatte ich dann das Geschäft *Toraya*, der eigentliche Grund, weswegen ich überhaupt nach Roppongi losgezogen bin, zum Glück gefunden. Ich kaufte aber nur zwei *Wagashi*, weil sie etwas teuer waren. Das eine sah etwas aus wie ein Pfirsich und das andere wie ein Maronen-Törtchen. Das Geschäft *Toraya* stellt diese Süßigkeiten schon seit dem frühen 16. Jahrhundert her, und die Qualität entschädigt den Preis. Es gibt generell viele unterschiedliche Sorten von Wagashi, die saisonell variieren und immer optisch schön aussehen. Häufig werden sie aus Bohnenpaste hergestellt und auffallend ist auch, wie unglaublich süß sie sind. Deswegen isst man sie auch idealerweise mit einem bitteren Tee zusammen.

Danach wanderte ich weiter im Regen herum, bis ich schließlich an einem Park vorbeikam, an dem Lampions an einem länglichen Springbrunnen, der sich den Park entlangzog, aneinandergereiht waren, die fröhlich auf und ab wippten und ständig ihre Farben änderten. Hier traf ich auch auf viele Amerikaner. Ich finde, dass Regentage irgendwie etwas sehr Besonderes und Schönes an sich haben, und man gut ins Nachdenken kommt. Auch an diesem Tag fiel es mir nochmal deutlich auf, wie erstaunlich es eigentlich ist, in einer so riesigen und lebhaften Stadt wie Tokio zu leben. Ich war sehr gerne inmitten des Lichtermeers. Ich sah Tokio als einfach sauber, interessant an, und es gibt sehr viele Möglichkeiten, um erfolgreich zu werden, oder eben auch nicht. Aber sie kann auch sehr chaotisch sein, wie beim Verkehr zum Beispiel. Denn man sollte darauf aufpassen, dass die Japaner sich nicht so sehr an die Regeln halten, wie man als Deutscher vielleicht denken würde. Sobald die Fußgängerampel grün wird - in Japan sagt man eigentlich, dass die Ampel blau wird, und nicht grün -, fahren die Autos oft trotzdem noch eine Weile über rot. Es gibt in Japan übermäßig viele Regeln, bei denen die Japaner zuerst den Anschein einer strikten Einhaltung erwecken, und dann trotzdem häufig alles locker sehen. Nur bei einigen der unausgesprochenen, für die Gesellschaft wichtigen Regeln, wie zum Beispiel das Anstellen an den Warteschlangen, sind sie, auch wenn keiner einen daraufhin jemals zurechtweisen würde, recht streng. Es halten sich gewohnheitsgemäß einfach alle daran. Bei den Rolltreppen laufen wirklich alle bis ganz nach hinten, um sich brav an der Warteschlange anzustellen. Keiner drängelt und alle stellen sich auf die linke Seite der Rolltreppe. Das alles wäre in Deutschland unvorstellbar.

Das Yaitamura-Festival

Je näher das Yaitamura-Festival, welches von dem Circle WIC (Waseda International Club) organisiert wurde, zeitlich näher rückte, desto mehr versank ich in den Vorbereitungen. Ich verbrachte so einige Nachmittage und Wochenenden damit, bei meinem Team auszuhelfen. Das Interessante bei dem Circle ist, dass er, obwohl er der „Internationale Club" der Waseda ist, hauptsächlich aus Japanern besteht, die allesamt so gut wie kein Englisch sprechen können. Ein bisschen anders also als in den Internationalen Clubs an deutschen Universitäten. Wer also ohne Japanischkenntnisse mit Japanern zusammen am Uni-Leben teilnehmen möchte, ist eben aufgeschmissen. An einem Samstag musste ich für die Vorbereitungen des Festivals auch mal nach Shinjuku, um beim Kochen mitzuhelfen. Damals konnte ich in Shinjuku kaum ein paar Meter laufen, ohne nach oben zu schauen, weil ich mich einfach nicht an die Höhe der Hochhäuser gewöhnen konnte, egal wie oft ich dort entlanglief.

Das richtige Gebäude fand ich erst nach etwas Herumirren etwa zwanzig Minuten später, und als ich ankam, bekam ich in der Küche eine rosa Schürze, ein rosa Kopftuch und einen Mundschutz. In dieser Ausrüstung sollte ich mit den Anderen aus dem Circle zusammen Kartoffeln mit einem Mörser zerstampfen, was ziemlich in die Arme ging, um daraus kleine Kartoffelklösschen namens *Imomochi*, eine Spezialität aus Hokkaido, zu fertigen. Von den Kartoffelklösschen abgesehen kochten wir außerdem noch Bambussprösslinge (*Takenoko*) in etwas Sojasoße. Nach ein paar Stunden war ich ziemlich erschöpft.

Der darauffolgende Tag war aber noch viel anstrengender. An diesem eisigen, verregneten Tag mussten wir alle früh aufstehen, was ziemlich unsinnig war, weil ich dort dann erstmal zwei Stunden warten musste. Wir bekamen als erstes unsere Kostüme, die aus meiner Sicht ziemlich gut geworden sind. Die Kostüme waren aus roten und schwarzen Stoffen geschnitten, und sollten vom Thema her zu dem Märchen der Mondprinzessin *Kaguya-hime* passen. Dann konnten wir mehrere Stunden lang mit diesen Kostümen leicht bekleidet, umhüllt vom eisigem Wind im Regen stehen, und mit lauten Stimmen Leute dazu auffordern unser Essen zu kaufen, die einen aber immer nur ignorierten. Ich konnte in all den Stunden keine einzige Person dazu auffordern, etwas zu kaufen, weil ich auch irgendwie nicht der Typ dafür bin, auf Leute zuzugehen und überzeugend zu wirken. Zum Schluss hatten wir aber dank denjenigen, die Leute aktiv bedrängen konnten, doch alle Kartoffelklösschen und Bambussprösslinge verkaufen können.

Im Anschluss auf das Festival gab es einen *Nomikai* (eine japanische Trinkversammlung), und wenn bei mir der Kulturschock bis zu dem Zeitpunkt so ziemlich ausgeblieben war, so hatte ich an dem Abend doch einen ziemlich heftigen Schock. Diese *Nomikai* finden normalerweise in einem Restaurant oder in einem *Izakaya* statt, in dem man in einem separaten Raum, getrennt von den anderen Gästen, sitzt. Wir gingen in ein Restaurant, das nur auf diese *Nomikai* spezialisiert zu sein schien. Das merkte man schon anhand des extrem lauten Lärmpegels, mit dem man begrüßt wurde, sobald man durch den Eingang trat. Der Lärm kam von

Japanern, die laut herumschrien, weil bei den anderen Gesellschaften schon irgendwelche Trinkspiele im Gange waren. Am Eingang mussten wir erst einmal alle unsere Schuhe ausziehen, in Plastiktüten packen, und damit dann über den Flur, an den ganzen Saufgelagen der kleineren Gesellschaften vorbei bis zu unserem Raum laufen. Wir waren so um die sechzig Leute und bekamen somit auch eine große Halle. Die langen Tische waren niedrig und anstatt Stühlen gab es Kissen, weswegen wir lange in einer unbequemen Sitzhaltung, im Seiza- oder Fersensitz, ausharren sollten. Als meine Gruppe mit den Trinkspielen anfing, mussten zum Glück nur die *Sempai* (Die Studenten im dritten Jahr) bei dem Spiel vor allen trinken und die Jüngeren wurden verschont. Abwechselnd wurde sehr laut losgebrüllt und geschrien, und wir sollten alle mitsingen und klatschen. Das war ja schon okay, aber ich wollte endlich mit dem lecker aussehenden Essen anfangen, das schon längst serviert war. Danach konnte man sich endlich einigermaßen unterhalten und ich konnte halb schockiert anfangen zu essen. Diese Lautstärke war ich einfach nicht gewohnt. Aber durch die Speisen, wie zum Beispiel Sashimi, Pommes oder gebratenen Reis konnte ich mich wieder erholen. Der eigentliche Schock kam dann noch, als ein paar der Japaner nach wenigen Minuten schon ziemlich betrunken waren, und nicht mal mehr ohne Hilfe zur Toilette gehen konnten. Einige lagen am Boden und mussten mit Plastiktüten beatmet werden. Es gab aber nichts anderes als nur etwas Bier und etwas Alkohol, der mit viel Saft und Tee zu einem dünnen Getränk gemischt wurde, weswegen dieser plötzlich betrunkene Zustand für mich ziemlich unverständlich war. Das bedeutet wohl, dass Japaner im Durchschnitt wirklich weniger Alkohol vertragen als die Deutschen. Dann sollten sie es aber lassen, und nicht halbtot am Boden herumliegen.

Noh-Theater und Taifun Nr. 21

An einem Sonntag, an dem für den Abend Sturmwarnung angesagt war, am Tag darauf der Taifun Nummer 21 Tokio erreichen sollte, und es den ganzen Tag über wie aus Eimern schüttete, entschied ich mich trotz allem dazu, das Nationale Noh-Theater zu besuchen. Ich wollte mir unbedingt mal eine japanische traditionelle Kunstvorführung in einem Haus mit so einer reichen Geschichte ansehen. Die Veranstaltung, in der wir auf Englisch herumgeführt wurden und uns ein Noh-Stück ansehen konnten, wurde von Sakura House, meiner Sharehouse-Organisation, aus organisiert. Aber weil es nicht viele Interessenten gab, oder Einige wegen dem Wetter nicht kommen wollten, waren wir nur zu dritt.

Das Noh zeichnet sich dadurch aus, dass es im Vergleich zum Kabuki-Theater von den Bewegungen und dem Ablauf der Handlung her sehr langsam ist, und die schauspielerischen Effekte weniger lebhaft sind. Es ist aber auch immerhin um die 600 Jahre alt und hat sich seitdem kaum verändert. Es ist also ein authentisches Stück japanischer Kultur. Die Stücke haben meistens eine enge Verbindung zum Buddhismus und jede kleinste Handbewegung oder Körperhaltung ist sehr symbolisch. Auch bei den Masken und Kostümen und ihren jeweiligen Bedeutungen müsste man sich gut auskennen, um das Stück besser verstehen zu können. Wenn man ein Noh-Stück zum ersten Mal sieht, kann es einem schwerfallen, sich die eigentliche Komplexität dieser Stücke vorzustellen. Es ist alles schließlich so langsam, und die Stücke dauern so lange, dass man häufiger einnickt, kurz sich fragt, ob sich irgendeine Handbewegung geändert haben könnte, und daraufhin wieder einnickt. Es ist wirklich fast unmöglich, sich durchgehend auf das Stück zu konzentrieren. Die Zeit scheint in einem ganz anderen Tempo zu laufen, und man fühlt sich manchmal, als wäre man in Trance, was vielleicht auch an den manchmal etwas repetitiven und merkwürdigen Lauten der Musikanten liegt, bei denen ich zum Anfang des ersten Stückes ziemlich kichern musste. Der Auftritt wirkte aber gleichzeitig auch sehr ästhetisch, und die Kostüme und Fächer waren sehr schön anzusehen. Die Stücke, die wir uns ansahen, hatten allesamt sehr hohe philosophische Bedeutungen, aber hätte ich die Geschichten nicht vorher auf Englisch gelesen, hätte ich von alldem keine Ahnung gehabt. Es ist auch unmöglich aus dem Geschehen auf der Bühne heraus zu interpretieren, worum es sich eigentlich handelt, weil ja nicht, auf die Art wie ich es kenne, in einer deutlichen Art geschauspielert wird, und die Szenen sich kaum ändern. Die Handlung und die Bedeutung waren für

66

mich wirklich sehr schwer zu verstehen. Was ich auch noch herausfand, war, dass die Noh-Darsteller nur sehr schlecht durch die Masken sehen können und sich deswegen an Pfeilern auf der Bühne orientieren müssen. Deswegen fallen sie anscheinend auch manchmal von der Bühne.

Während wir die Stücke im Noh-Theater genossen, bekamen wir gar nichts davon mit, wie die Auswirkungen des Taifuns immer heftiger wurden. Mit dem Platzregen und den starken Windböhen war es etwas schwierig, nach Hause zu kommen. An dem Tag nach dem Noh-Theater fiel deswegen am Vormittag auch der Unterricht aus. Durch die Nacht hindurch war es weiterhin sehr laut und stürmisch, und mein Fenster klapperte ununterbrochen, aber am nächsten Morgen war es wieder ziemlich still, weswegen der Taifun schon weitergezogen sein müsste. Aber weil ich mit Taifunen noch nicht so viel Erfahrung hatte, blieb ich mal trotzdem lieber vorsichtig. Manchmal ist es vielleicht doch besser, allen Warnungen zufolge nicht das Haus zu verlassen, auch wenn alles still und friedlich wirkt.

Ein Viertel voller Charme und Tradition

Nachdem ich einen Monat in meinem alten, versifften Sharehouse verbracht hatte, konnte ich endlich in ein neues Sharehouse in einer edlen Gegend namens „Kagurazaka" umziehen. Der besondere Charme dieser Gegend liegt darin, dass es vom Flair her etwas europäisch wirkt, aber dennoch ein sehr traditionell-japanisches Viertel ist. Wenn man auf der Straße umherschlendert, weht einem durch die Lautsprecher durchgehend sanfte französische Akkordeonmusik entgegen. Es gibt außerdem viele Bäckereien und in den Supermärkten gibt es große Mengen an aus Europa importierten Lebensmitteln, die natürlich trozdem noch sehr teuer sind. Sogar der Häuserstil wirkt zum Teil etwas europäisch. So charmant das Ganze auch sein mochte, damals verwirrte mich der europäische Stil ein wenig, und ich bekam das Gefühl, von dem Anblick stärker Heimweh zu bekommen. Aber es gibt auch viele traditionelle, japanische Süßigkeitsläden, ein älteres Badehaus, und interessante, versteckte

Teehäuser. Ein kleines Café hatte ich erst sehr spät entdeckt, weil es sich hinter einer dicken Wand aus Efeu-Reben in einer kleinen Gasse versteckte. In diesem Viertel gibt es nur leider auch viele Katzen, die sich vor den Fenster meines Zimmers ständig verkloppten, und entweder wie Wölfe laut heulen oder wie Säuglinge schreien, sodass ich mir zwischendurch einfach nicht vorstellen konnte, dass das wirklich Katzen sein sollten. Die Töne der japanischen Katzen reichen von furchterregend bis nervtötend. Alles schien hier irgendwie lauter schreien zu können als in Deutschland: die Katzen, die Raben, die Menschen. Aber ansonsten war ich in dem neuen Sharehouse sehr glücklich.

Für einen Samstagabend schaffte ich es, eine Karte für die Japanese Classical Performing Arts Show, die von dem großen Fernsehsender NHK seit 1975 jährlich organisiert wird, zu ergattern. Ich hatte von der Uni aus kostenlose Tickets bekommen, und dachte mit kostenlosen Tickets würde ich sogar eine Noh-Aufführung noch einmal über mich ergehen lassen. Abgesehen von dem kleinen Tanz-und Musikausschnitt aus dem Noh wurde auch noch ein Tanz aus Okinawa aufgeführt, welcher aus der Zeit des Ryûkyû-Königreiches stammte. Danach gab es ein Puppentheater und ein weiteres Theaterstück, welches eigentlich nur aus Musik bestand. Der zweite Abschnitt war ein Kabuki-Theater-Stück, welches wirklich schräg war. Die Bühnenkulisse war sehr schön und bunt, mit einem glitzernden Meer ausgestattet, und man sah sofort, wie viel Mühe sich die Bühnenbildner gemacht hatten. Die Kabuki-Schauspieler waren sehr ausdrucksstark und die Frau wurde tatsächlich von einem Mann mit einer nervtötend hohen Stimme gespielt. Alles in allem macht Kabuki deutlich mehr Spaß beim Zusehen als Noh und ist auch von den Handlungen her viel leichter verständlich.

Als der Herbst fortschritt, plante ich für ein Wochenende mit Freunden zusammen zu der historischen Stadt Nikkô zu fahren, weil die roten Herbstblätter dort besonders schön sein sollen. Die Wettervorhersage war aber grottenschlecht, weil wieder ein Taifun im Anmarsch war, weswegen wir den Plan umändern mussten. Stattdessen sollte es also zum Tokio-Edo-Museum, in das ich schon immer mal rein wollte, gehen, weil es bei dem

Dauerregen ideal wäre. Wir waren schon auf vier Leute reduziert, und als auch noch zwei weitere Freundinnen wegen starker Erkältung absagen mussten, standen wir schließlich nur zu zweit da. Und zu guter Letzt war das Edo-Museum auch noch entgegen aller Erwartungen geschlossen, weil bis März Renovierungen bevorstanden. Also fiel die Entscheidung darauf, stattdessen Sake (auf Japanisch *nihon-shu*, denn Sake bedeutet im Japanischen einfach nur „Alkohol") zu probieren, weil ich doch noch Hoffnung hatte, das ein Sake mit guter Qualität deutlich besser schmecken würde, als billiger Sake, den man in gängigen Restaurants bestellen kann. Ich wählte die süßeste Sorte aus dem Sortiment in den Sake-Automaten aus, und dazu bekamen wir salzige Eier serviert. Dieser Sake schmeckte wirklich deutlich besser als die billigen Sake, aber ein großer Fan bin ich davon trotzdem nicht geworden.

Danach gingen wir in das Sumida-Hokusai-Kunstmuseum, ein sehr modernes Gebäude, in dem es um den bekannten Künstler *Katsushika Hokusai* ging, dessen bekanntestes Werk "Die große Welle vor Kanagawa" ist. Die Technik des japanischen Farbholzschnitts, die bei vielen seiner Bilder angewandt wurde, wird in der Ausstellung detailliert beschrieben, und es werden diverse andere Werke des Künstlers ausgestellt. Der Künstler wird sogar selbst in seiner damaligen Arbeitsumgebung nachmodelliert dargestellt, wie er gerade beim Malen tätig ist. Die Puppe bewegte sich hin und wieder. Die Japaner modellieren in Museen immer gerne berühmte Personen, besonders Künstler und Schriftsteller, in ihrer Arbeitsumgebung nach. Es scheint also ein durchaus wichtiger Bestandteil in einer Ausstellung zu sein.

Zu Halloween, am 31. Oktober, entschied ich mich dazu, zu dem Stadtbezirk Shibuya zu gehen, obwohl mir von den Japanern doch ausdrücklich dazu abgeraten wurde. Aber ich konnte der Versuchung nicht widerstehen, weil ich unbedingt die verrückten Halloween-Kostüme sehen wollte. Doch kaum stieg ich aus den Zug aus, konnte man sich wegen der Menschenmassen schon kaum fortbewegen. An jeder Ecke standen Polizisten auf Podesten mit Lautsprechern in der Hand, die angaben, in welche Richtung man sich bewegen sollte. Besonders schlimm wurde es auf dem Hachiko-Square, auf dem die Leute so dicht aneinander gedrängt waren, dass man hin und wieder von der Masse zerquetscht und hin und her geschoben wurde. Sobald eine Person mal stolperte, fielen auch alle in einem Umfeld von 10 Metern um. Und manchmal waren wir so eingequetscht, dass es einfach in keine Richtung mehr voran ging. Wäre ich einmal richtig hingefallen, so wären wahrscheinlich Leute über mich getrampelt. Wenn man in einer dicht gedrängten Masse geschubst wird, kann man ja in keine andere Richtung ausweichen, sondern wird gegen eine andere hilflose Person gerammt. Dabei waren auf dem Hachiko Square gar nicht mal so viele Kostümierte, sondern mehr Touristen. In meiner Nähe war auch eine blonde Familie mit drei kleinen Kindern, die die mir ziemlich Leid taten, weil gerade kleine Kinder in dieser Menschenwoge schnell ernsthaft verletzt werden können und sogar die Eltern ziemliche Schwierigkeiten hatten, sie zu schützen. Sobald man den Platz vor dem Bahnhof Shibuyas aber überlebte, und es über die Kreuzung schaffte, die von den mit Lautsprechern Anweisungen gebenden Polizisten auf ihren hohen Podesten umsäumt war, wurde es besser. Die Menschenmasse verteilte sich hier ein wenig über die Gassen und Straßen. Ich verstand aber nicht, was die Anweisungen der Polizisten bringen sollten, weil man als Individuum ja eh keine Wahl hatte, wie und wohin man sich bewegt. Die Masse gab den Ton an. Hinter der Kreuzung wurden dann die Kostüme auch deutlich interessanter, und man konnte nur staunen, wie unglaublich viel Mühe die Verkleideten in ihre Kostüme gesteckt haben müssen. Gerade in den Seitengassen standen Gruppen mit sehr originellen Kostümen, die einen rauchend mit Qualm eindeckten, bis man sich betäubt fühlte. Aber in diesen Gassen trifft man auch auf weniger Touristen, weswegen sie ideal sind, wenn man von Leuten mal genug hat und sich ausruhen möchte. Aber es waren nicht nur Japaner, sondern auch Leute aus aller Welt, die sich als Kamera, als Joker, als Pferd, als Shinzo Abe, und als alles Erdenkliche verkleideten. So manche Japaner hatten in der eisigen Kälte auch fast gar nichts an. Es gab wirklich nichts, was es nicht gab. Ich fand es sehr interessant, weil es so etwas in dem Ausmaß nirgendwo sonst auf der Welt gibt, aber trotzdem mache ich so etwas ganz bestimmt nicht noch einmal mit. Es hätte wirklich Spaß gemacht, wenn nicht so extrem viele Menschen dort gewesen wären.

Tokyo Motor Show

Eines Tages entschied ich mich dazu, noch schnell zu der Tokyo Motor Show zu fahren, weil dies der allerletzte Tag der Messe, und somit die allerletzte Chance war. Außerdem wollten meine Freundin und ihr Bruder, der Ingenieur bei *Hitachi Metals* ist, auch gehen. Die Motor Show fand im *Tokyo Big Sight*, einer Ausstellungshalle auf einer der kleinen, künstlichen Inselchen vor Tokio, statt, zu der ich mit der Yurikamome Line, eine Bahn, die komplett von Computern gesteuert wird und auch bis bis zu der bekannten Vergnügungsinsel Odaiba fährt, hinkam. Die Schienen (Gummireifen auf Beton) wurden auf einer hohen Ebene erbaut, weswegen man von der Bahn aus einen wunderbaren Ausblick auf die Hochhäuser auf den Beton-Inseln und auf das Meer hat.

Tokyo Big Sight

Die Messe war sehr gut besucht, und es wurden wie erwartet überwiegend japanische und deutsche Autos ausgestellt. Vom Design der Autos her schienen sich die Japaner etwas an den Deutschen zu orientieren, indem bei den japanischen vorgestellten Autos mittlerweile das Gitter vorne in vielen Fällen überdimensional groß geworden ist, und die SUV scheinen auch beliebter geworden zu sein. Es gibt natürlich auch weiterhin viele Autohersteller, die versuchen ihre Autos so flach und sportlich wie möglich aussehen zu lassen.

Das Toyota Auto Body Wonder-Capsule Concept – Ein mit Batterie betriebener Zweisitzer

Die Designs der japanischen Autos auf der Messe waren ein Gemisch aus roboterartigen Autos, die aussahen als kämen sie aus Science-Fiction-Filmen und Kei-Cars. Diese Kei-Cars sind kleine, eckige Miniwägen ohne richtigem Kofferraum, die besonders wenig wiegen, wenig CO_2 ausstoßen und wegen ihrer Größe für die Straßen in Tokio besonders gut geeignet sind. Deshalb verkaufen sie sich in Japan auch so gut, auch wenn sie nicht sonderlich schön sind. Von den Technologien her war der Fokus weiterhin auf dem autonomen Fahren mit einer rundum ausgestatteten Sensorik, und die Mehrheit der deutschen sowie der japanischen Autos waren Elektroautos. Überhaupt ging es bei der gesamten Messe viel um diverse Arten von Sensoren, die den Zustand des Fahrers sowie des Autos messen, indem sie zum Beispiel darauf achten, ob die Reifen abgenutzt sind, welche Temperatur sie haben etc.

Ein Stück japanische Kultur: Das historische Zentrum Kamakura

Letztens war ich mit meiner Tandem-Partnerin in einem Café namens „Polar Bear" in der Nähe der Waseda Universität, zu Mittag essen. Dies war wieder eines dieser wunderbaren Restaurants, das thematisch eingerichtet, und das Essen auf eine niedliche Art angerichtet ist. Ich liebte

diese Restaurants in Japan wahrscheinlich so sehr, weil es so etwas in Deutschland nicht gibt, und sich in Zukunft wahrscheinlich auch nicht durchsetzen wird. Dabei finde ich es sehr wichtig, dass das Essen schön angerichtet ist. Das Café „Polar Bear" basiert auf einer animierten Fernsehserie für Kinder, die von einem Eisbären handelt, weswegen auf den Hockern große Eisbär-Plüschtiere hockten, auf einem Fernsehbildschirm in der Ecke durchgehend diese Serie lief, und das Essen auch in Eisbär-Form angerichtet serviert wurde.

Ein sehr schöner Ausflug war auch der Abstecher zu der Schrein-Anlage direkt neben der Uni, die sehr friedlich und menschenleer war. Auch gab es dort einen dicken Herrn aus Stein, den man anscheinend berühren sollte, um Glück zu erlangen:

Auch sehr eindrucksvoll war der Ausflug nach Kamakura, eine Stadt südlich von Tokio, die einst zum politischen Zentrum Japans wurde, und die heutzutage mit einer reichen Anzahl an Tempeln, Schreinen und historischen Monumenten sehr sehenswert ist. Obwohl sie eigentlich nur eine gute Stunde per Zug von Tokio entfernt ist, war es nicht leicht dort hinzukommen. Ständig nahmen wir den falschen Zug oder stiegen am falschen Bahnhof aus, weil der japanische Student, dessen Aufgabe es war uns zu führen, sich immer wieder vertat und sich ständig beklagte, wie kompliziert das Schienennetz in Tokio doch sei. Aber einmal in Kamakura angekommen, war es sehr schön. Wir waren bei verschiedenen Tempeln, unter anderem dem *Engaku-ji* und dem *Meigetsu-in*. Die Deutsch-Lehrerin, die uns führte, war sehr wissensgewandt und konnte uns so einiges erklären.

Der Engaku-ji: In diesen Toren wurde früher alles Mögliche gelagert, sogar Leichen

Der Zen-Tempel Meigetsu-in: Links eine niedliche Jizô-Statue, welche die Seelen der Kinder auf ihrem Weg in die Unterwelt begleitet, und rechts das Innere des Tempels mit einem malerischen runden Fenster

Ich hatte auch das Glück, eine Shintoistische Hochzeit an einem der Schreine in Kamakura mitzubekommen. Die Shintô-Hochzeiten sind in Japan ziemlich selten geworden, denn mittlerweile werden westliche Hochzeiten in nachgebauten, christlichen Kirchen bevorzugt. Nur an dem Meiji-Schrein in Shibuya in Tokio sieht man diese Art von Hochzeit in der Hauptsaison noch fast jeden Tag. Ein paar der Japaner, die zu unserer Gruppe gehörten, behaupteten sogar von sich selbst, dass sie zum ersten Mal so eine Hochzeit zu sehen bekamen. In dem bunten Schrein standen in der Mitte der Bräutigam und die Braut komplett in weiß mit einer großen, weißen Haube auf dem Kopf. Die weiße Farbe soll für Reinheit stehen, und dafür, dass die Braut bereit dazu ist, sich mit den Werten der neuen Familie einzufärben. Vor dem Paar wurde in dem Schrein Essen aufgetischt, welches symbolisch an die Götter gerichtet war, und an der Seite saßen Musiker. Der Höhepunkt einer Shintô-Hochzeit ist eigentlich das gemeinsame Sake-Trinken, durch welches das Paar von den Göttern gesegnet wird. Leider konnten wir uns die Zeremonie an dem Tag aber nicht lange anschauen.

Der Ausflug zum Mount Fuji

Der Ausflug zu dem Fuji-san, ein heiliger Vulkan von 3.776 Metern Höhe und somit eines der ikonischsten Symbole Japans, wurde wieder von einem internationalen Circle der Universität organisiert, und fand ein Wochenende lang von Samstag auf Sonntag statt. Wir planten aber nicht, auf den Berg zu klettern, weil das überhaupt aus Sicherheitsgründen nur in der Hauptwandersaison von Juli bis August möglich ist. Das sind die einzigen Monate, in denen auf dem Fuji-san kein Schnee liegt, und man ihn problemlos bis zur Spitze erklimmen kann. Zu der Zeit tummeln sich dann aber auch so viele Wanderer auf den Wanderpfaden, dass man in den sechs Stunden der durchschnittlichen Aufstiegzeit nur langsam vorankommt. Statt den Berg also Mitte November zu erklimmen, übernachteten wir nur in einer Jugendherberge an einem See in der Nähe des Fuji-san. Für den Fuji-Ausflug wurden wir in zwei Gruppen eingeteilt: die Erste brach an dem Samstag schon um 9 Uhr morgens auf, und die Zweite zog erst mittags los. Weil ich am Samstag vormittags immer Unterricht hatte, und dieses Mal sogar eine wichtige Prüfung schreiben musste, gehörte ich der zweiten Gruppe an. Diese kam erst spät nachmittags bei der Jugendherberge an, weswegen ich glücklicherweise den Sport und die Spiele in der Turnhalle verpasste. So ermöglichte es sich mir auch, noch leichter zu packen. Ich schrieb also meine Prüfung, kaufte mir mein Mittagsessen-Bentô mit Fisch, Fleisch, Reis und Mais (Fisch und Fleisch natürlich schön frittiert, weil mir die Gesundheit immer so wichtig ist), und lief zum Treffpunkt im Toyama Park. Dort hatten sich schon einige Leute versammelt, und als die Organisatoren vom Niji-no-Kai (der internationale Trink-Circle) mich sahen, zeigten sie sich ziemlich überrascht. Sie hatten sich unter meinem Namen wohl einen eher groß-gewachsenen, stämmigen Mann vorgestellt und keine so kleine, zierliche Person. Das hörte ich nicht zum ersten Mal, weil mein Name in der japanischen Sprache durch die starken Laute anscheinend etwas einschüchternd wirkt. Zu der Jugendherberge am Fuji-san nahmen wir zum Glück einen Reisebus und nicht den öffentlichen Verkehr. Das wäre sonst ziemlich stressig gewesen, weil unsere Unterkunft in einem kleinen Dorf auf dem Land gelegen war und sie mit den öffentlichen Verkehrsmitteln reichlich schwierig zu erreichen gewesen wäre. Ich genoß deswegen den Luxus des Reisebusses, und meine Sitznachbarin war auch sehr nett. Wir hielten schon nach nur einer Stunde an einer Raststätte, an der lauter lokale Spezialitäten, wie zum Beispiel kleine Hühnchen-Küchlein angeboten wurden.

Besonders beliebt war bezüglich der Spezialitäten an der Raststätte trotz der Kälte erstaunlicherweise das Eis. Vielleicht gab es eine bestimmte Sorte oder Herstellungsart, die für die Region einzigartig war. Andererseits haben viele junge Japaner aber auch einfach eine besondere Vorliebe für Softeis, weswegen auch in den kalten Jahreszeiten nicht darauf verzichtet werden kann. Nach dem Halt an der Raststätte fuhren wir nur noch zwei Stunden, die gefühlt ziemlich schnell vorbei gingen. Die herbstliche Berglandschaft, durch die wir hindurch fuhren, war mit ihren gelben und knallroten Herbstblättern, die je nach Baumart und Höhenstufe unterschiedliche Muster in die Landschaft malten, sehr schön. Die Farben werden in Japan im Herbst sehr intensiv, was unter anderem an dem kräftigen Rot des japanischen Ahorns liegt. Ich würde gerne wissen, was das für andere Sorten sind, die sich im Herbst so stark verfärben. Der Moment, als ich den Fuji das erste Mal von weitem sah, war auch ein sehr eindrucksvoller Augenblick. Nur leider sah man ihn nicht lange, denn schon bald wurde er wieder von stürmisch aussehenden Wolken verschlungen. Als wir eine Stunde früher als geplant an der Unterkunft ankamen, waren die anderen noch in der Turnhalle tätig. Ehe wir uns dazu entschieden, ob wir noch beim Sport mitmachten oder nicht, mussten wir aber so oder so erst einmal unser Gepäck entladen und in unsere Zimmer hieven. Ich war ein bisschen enttäuscht von der Unterkunft, weil ich mir bei dem hohen Preis, den wir zahlen mussten, etwas Gemütlicheres vorgestellt hatte. Vor der Unterkunft wusste ich ja auch noch nicht, dass wir nicht in einem Hotel, sondern in einer Jugendherberge übernachten. Das heißt also, es gab in den Zimmern keine Duschen und Toiletten, sondern nur Gemeinschaftsbäder. Im japanischen Stil waren die Zimmer ohne Möbel sehr schlicht gehalten, und es gab keine richtigen Heizungen, weswegen es eisigkalt war. Außerdem sollten wir auf Tatami-Matten auf dem Boden schlafen, und an dem niedrigen Tisch auf dem eiskalten Boden sitzen. Aber sonst gab es eigentlich alles, was man brauchte. Nach etwas längerem Warten machten wir uns wieder in Richtung Turnhalle auf, und da sah ich den Fuji-san endlich wieder in seiner vollen Pracht. Massiv und von Wolken umschlungen ragte er, ab der Hälfte schon mit Schnee bedeckt, weit in die Höhe. Er wirkte sehr eindrucksvoll, aber zu dem Zeitpunkt auch irgendwie rau und abstoßend.

Die Sporthalle war riesig und kein bisschen beheizt. Und weil ich in Socken laufen musste, brannten meine Füße durch die Kälte des Fußbodens außerordentlich. Deswegen war ich ganz schön froh, als wir da wieder raus durften. Wir gingen alle erneut auf unsere Zimmer - unsere vier Bettchen hatte jemand schon sorgfältig auf dem Boden nebeneinander aufgereiht vorbereitet - in denen wir sehnsüchtig auf das Abendessen warteten, auf welches ich mich ziemlich freute. In Gedanken stellte ich mir ein sehr leckeres Essen von guter Qualität vor, mit vielleicht sogar ein paar lokalen Zutaten oder Spezialitäten. In der Realität schmeckte das Essen allerdings sehr nach Kantinenessen in der Schule, indem auf Gewürze scheinbar verzichtet wurde, und das Essen eine etwas zerkochte, matschige Konsistenz aufwies. Nur die Gemüse-Miso Suppe schmeckte gut.

Nach dem Essen wurden die Paare für den Nightwalk verkündet, bei dem man die Arme ineinander gehakt zu zweit draußen in der Dunkelheit umherirren sollte. Was daran spaßig sein sollte, verstehe ich bis heute immer noch nicht, vor allem weil die Temperaturen damals bis in die Minusgrade sanken. In meinem Fall waren wir zum Glück zu dritt; die anderen beiden waren eine Japanerin und ein Japaner, mit denen ich bis zu dem Zeitpunkt noch nicht viel geredet hatte. Die anderen beiden fanden die Dunkelheit, und allein die Tatsache, dass wir auf dem Land waren, unheimlich. Wenn man in Deutschland (abgesehen von Großstädten wie Berlin oder Hamburg) aufwächst, ist man meistens mit den weiten Flächen von Wald und Feldern, sowie dunklen Gassen ja wohl bestens vertraut. Diejenigen jedoch, die im grell beleuchteten Raum Tokios aufwachsen, erleben so eine Dunkelheit nicht alltäglich und fürchten sich sehr schnell.

Nach dem Nightwalk konnte ich mich erstmal eine Zeit lang am Feuer wärmen und endlich ein Bad in dem Onsen des Hostels nehmen. Das war das erste Mal, dass ich in einer Art Onsen war. Die heiße Temperatur der Bäder tut dem Körper wirklich gut, und an den nackigen Zustand kann man sich, schneller als gedacht, gewöhnen. Von den Regeln her ist das Wichtigste, dass man sich einfach vorher einseift, abduscht und kein großes Handtuch in das Bad mitnimmt. Nach dem Onsen fingen wir mit dem *Nomikai* (diese japanischen Trinkparties) an. Zuerst gab es verschiedene Tanz- und Gesang- Aufführungen, die allesamt sehr amüsant waren. Und dann gab es die üblichen Alkohol-Spiele, Vorstellungsrituale etc. Man kann auch komplett ohne Alkohol zu trinken davonkommen, wenn man bei den Spielen immer gewinnt, oder es schafft sehr unauffällig zu sein. Wir feierten bis vier Uhr morgens, und gingen dann für anderthalb Stunden auf unsere Zimmer (wo ich auch nicht schlafen konnte), um dann um halb sechs Uhr für den Sonnenaufgang am Fuji-san bereit zu sein. Wir liefen zu dem weiten See, an dem man den Berg am besten sehen konnte, und in dem sich die Farben im Wasser spiegelten. An dieser Stelle gab der Sonnenaufgang auf dem Fuji ein richtig schönes Bild ab, das mir unvergesslich wurde. Auch wenn es noch so unerträglich kalt war, war dies einer der schönsten Momente für mich in Japan. Der Fuji-san strahlte hell erleuchtet, und ohne die stürmischen Schneewolken wirkte er ganz friedlich, wie er da so still und einsam in der Gegend stand. Die gesamte Atmosphäre war einfach atemberaubend.

Nach diesem wunderbaren Anblick konnte ich mich endlich von sieben bis acht Uhr morgens für ein weiteres Stündchen hinlegen. In meinem Bett waren schon Leute, aber irgendwo auf dem Boden fand ich einen Platz zum Schlafen. Nach dem Frühstück wurde gepackt, und es ging sofort weiter zu einer charmanten, kleinen Onsen- Stadt namens *Hakone- Yumoto* (箱根湯本). Wir aßen dort Soba zu Mittag, schauten uns etwas die Souvenir-Läden an, und ich kaufte mir das leckerste Kaffee-Eis, das ich jemals probiert habe. Was in den Onsen-Städten eigentlich immer sehr zu empfehlen ist, sind die Onsen-Manju. Das sind kleine süße Dampfbrötchen, die mit roter Bohnenpaste gefüllt sind. Wir besuchten auch einen Fuß-Onsen, der ein bisschen über der Stadt gelegen war, weswegen man einen tollen Ausblick hatte, während man die Füße in dem heißen Wasser badete. Mit der Bezahlung für das Fußbad lief es, wie bei vielen Dingen in Japan, über reines Vertrauen. An dem Bad war kein Personal anwesend, es war für jeden zugänglich und im Freien gelegen und man sollte als Bezahlung zweihundert Yen in einen kleinen Briefkasten werfen. Das Fußbad war ein etwas größeres, mit heißem Wasser gefülltes Becken, an dem viele Leute am Rand Platz nehmen und sich unterhalten können. Sobald der Abstecher in der Stadt *Hakone-Yumoto* abgeschlossen war, ging es wieder zurück nach Tokio, wo es vor dem Auditorium der Uni noch eine längere Abschiedsrunde gab, und wir längere Zeit auf dem eiskalten Boden sitzen sollten. Ich war am nächsten Tag zwar sehr stark erkältet, aber dieser Ausflug war es wert.

Von Wunderkindern, Wettkämpfen und leuchtendem Herbstlaub

Ich hatte mich dazu entschieden, einmal an einem Programm, mit dem ich einen halben Tag an einer japanischen Schule verbringen könnte, teilzunehmen. Ich hatte keine Ahnung, wie eine japanische Schule aussieht, und wie der Unterricht und der Alltag bei den Schulkindern so verläuft. Deswegen dachte ich, dass dies eine richtig interessante Erfahrung wäre. Die Schule, an der das Programm stattfand, war eine Grundschule der Universität Waseda. In Japan haben die Universitäten häufig enge Beziehungen mit den ihnen zugehörigen Schulen, und dementsprechend war das Gebäude der Grundschule modern, sauber und auf neuestem Stand. Am Eingang bekam jeder Teilnehmer sein Namensschildchen sowie eine Eintrittserlaubnis. Außerdem sollten wir unsere Straßenschuhe gegen Hausschlappen umtauschen, in denen aber kaum jemand richtig laufen konnte und wir deswegen hin und wieder aus unseren Schlappen herausfielen. In einem kleinen Konferenzraum bekamen wir unsere Anweisungen, wurden aufgeteilt und konnten dann zu der ersten Klasse watscheln. Vor der Klasse sollten wir uns in einer Reihe aufstellen und uns laut und deutlich auf Englisch vorstellen. Dann fing erst das eigentliche Programm an. Meine Aufgabe war ziemlich einfach. Ich musste den

Kindern einfach nur zuhören, wie sie auf Englisch über ein selbstausgewähltes Thema im Rahmen von "was denkt ihr, was diese nichts-ahnenden Ausländer über Japan wissen sollten", präsentierten. Das war sehr niedlich und viele der Kinder konnten schon erstaunlicherweise gut Englisch sprechen. Man muss ja bedenken, dass die Kinder erst in der fünften Klasse waren, und erst vor einem halben Jahr damit angefangen hatten, Englisch zu lernen. Ich konnte nach einem halben Jahr Unterricht in der Schule bei weitem nicht so viel Englisch sprechen. Vielleicht lag es daran, dass die Art, wie in Japan unterrichtet wird, besser ist, oder daran, dass die Kinder tatsächlich klüger sind. Intelligent wirkten sie jedenfalls allesamt. Andererseits könnte es auch sein, das der Unterricht an den Schulen Wasedas auf einem besonderen Niveau sind. Ich tat während der Präsentationen durchgehend so, als hätte ich von den Themen keine Ahnung und würde das alles zum ersten Mal hören. Dementsprechend versuchte ich den Kindern Fragen zu stellen, was ziemlich schwierig war. Ich hatte die Anweisung bekommen, kein Wort Japanisch zu sprechen und musste somit allein mit Umschreibungen und wilder Gestik den Kindern meine Fragen verständlich machen. Das klappte nicht immer so gut, weswegen die Lehrerin mir manchmal zu Hilfe kam und die Ausdrücke ihnen wie durch Magie schleunigst verständlich machen konnte, auch ohne ein Wort Japanisch zu sprechen. Ich würde als Sprachlehrerin verzweifeln, aber andererseits ist das Ganze wahrscheinlich einfach nur Übungssache. Von den Themen her fand ich die Feste, von denen ich noch nicht gehört hatte, sowie die Shôgi-Regeln (das japanische Schach) am interessantesten. Die Präsentation über das Origami fand ich auch ganz nett, weil die beiden Mädchen sich auffällig viel Mühe mit den Broschüren und Abbildungen gemacht hatten. Das eine Mädchen zeigte mir auch, wie man aus Papier eine Rose faltet. Ich sollte ihr einfach jeden Faltschritt nachmachen, aber anscheinend war ich etwas zu langsam, obwohl ich mich sehr anstrengte. Sie wurde ungeduldig und faltete meine Rose in übernatürlicher Geschwindigkeit zu Ende, damit ich schleunigst zu der nächsten Gruppe gehen konnte. Die Papier-Rosen durfte ich mit nach Hause nehmen. Nachdem wir durch verschiedene Klassen hindurch rotiert wurden und den Erklärungen der Kinder fertig gelauscht hatten, durften wir auch noch die

Mittagspause gemeinsam mit ihnen verbringen. Die japanischen Grundschüler aßen nicht in einer Kantine, sondern in ihren Klassenräumen, trugen, um alles hygienisch zu halten, Häubchen auf den Köpfen und weiße Schutzkleidung, und teilten das Essen selbst an alle Kameraden aus. Auch mir wurde als Gast das Essen von den kleinen Kindern in viele kleine Schalen abgefüllt und serviert. Der Lehrer saß an seinem Pult und aß zusammen mit seinen Schülern. Das Mittagessen war ausgewogen und lecker. Mit Miso, Reis, Gemüse, Fleisch und Apfel war alles Wichtige dabei. Nach dem Essen ging ich noch mit den Kindern nach draußen auf den Schulhof, um mit ihnen Fangen zu spielen, und schon war der halbe Tag vorbei.

Schon bald darauf verbrachte ich einen Tag in dem Stadtteil Asakusa, bei einer Veranstaltung, die von dem Intercultural Communication Center ICC organisiert wurde. Wir wurden in Gruppen eingeteilt, bekamen Fotos von etwas weniger bekannten, versteckten Sehenswürdigkeiten in Asakusa und sollten innerhalb von drei Stunden möglichst viele dieser Orte finden und davon Fotos schießen, auf denen alle Mitglieder der Gruppe zu sehen sind. Eigentlich eine gute Möglichkeit um die etwas unbekanntere Seite von Asakusa kennenzulernen, nur leider gab es zu wenig Zeit für Pausen, in denen man sich hätte entspannen und etwas essen können. Trotzdem war es eine Aktivität, die erstaunlich viel Spaß machte, aber auch ziemlich schwierig war. Gerade bei dem buddhistischen Tempel *Senso-ji* wären wir nie, ohne zu fragen, auf die Orte und Sehenswürdigkeiten auf den Fotos gestoßen. Wie man eine etwa fünfzig Zentimeter hohe Statue, ziemlich weit abseits von den Tempeln, versteckt in den Gebüschen finden soll, ist fraglich. Ich glaube, die Leute vom ICC wollten uns einfach loswerden. Unter den besten drei Gruppen, die etwas gewonnen hatten, war meine Gruppe natürlich nicht dabei. Bei Wettkämpfen gewinnt die Gruppe, in der ich mich befinde, irgendwie nie. Aber es war trotzdem eine wirklich schöne Zeit. Ich konnte die versteckten Seiten von Asakusa besser kennenlernen und lernte mehr, auf Details zu achten.

In Japan werden, wie bekannt, die Jahreszeiten, insbesondere die Kirschblüten im Frühling, sowie die Herbstblätter besonders wertgeschätzt.

Was die Japaner deswegen auch besonders gerne machen, ist die Herbstblätter in den Parks, sobald es dunkel wird, zu beleuchten. Das soll dann wohl irgendwie noch schöner sein als bei Tageslicht. Ich bevorzuge eigentlich das Aufleuchten der Blätter unter der Sonne gegenüber den beleuchteten Blättern bei Nacht, weil die Farben intensiver aufleuchten. Trotzdem musste ich zugeben, dass die in der Dunkelheit beleuchteten Blätter eine ganz besondere Stimmung hervorrufen und auch ihren eigenen Charme haben. So werden die Farben der Blätter vor dem schwarzen Hintergrund besonders stark hervorgehoben, und man kann sich vollkommen auf sie konzentrieren. Diese besonderen Effekte fielen mir auf, als ich mit Freunden abends in den Rikugien-Park ging, einer der besten Orte in Tokio, um sich die herbstlichen Farben anzusehen. Mit dem Mond, der die Bambusstäbe in Grün-und Blau-Tönen glitzern ließ, sowie den tiefschwarzen Gewässern, auf denen sich an einigen Stellen die Farben widerspiegelten, war der Park auf meditative Art entspannend und mysteriös zugleich. Obwohl ich mich im Fieberwahn befand und mit Mundschutz herumlief, konnte ich es doch genießen.

Im Badehaus der tanzenden Kohlen

Eines Tages machte ich mich auf die Suche nach dem Badehaus in der Nähe meines Sharehouses in Kagurazaka. Sobald ich es fand, ging ich fast regelmäßig dorthin zum Baden. Das Praktische war, dass es zu Fuß bis dorthin wirklich nur ein paar Minuten dauerte, sofern ich mich nicht in den kleinen Gassen dieser schicken Wohngegend verirrte. Das Viertel ist früher zwar während der Edo-Zeit wohl ein Rotlicht-Distrikt gewesen, entwickelte sich aber bis in die heutige Zeit zu einem sehr gehobenen Viertel, das aus vielen teuren Restaurants und Wohnungen besteht. Zum Wohnen, Essen und Einkaufen ist es mittlerweile sehr beliebt geworden, und in den engen, versteckten Gassen aus der Edo-Zeit kann man auch heutzutage noch so manch Interessantes entdecken.

Das Badehaus in Kagurazaka ist ein sogenanntes *Sentô*, welches sich von den Onsen dadurch unterscheidet, dass das Wasser nicht aus einer mineralreichen, heißen, natürlichen Quelle stammt, und mehr auf die tägliche Hygiene als auf heilende Zwecke ausgerichtet ist. Generell wurden Sentô erst ab der Meiji-Zeit populär, und nach dem zweiten Weltkrieg stieg die Anzahl dieser Badehäuser erneut rasch an, um sich an die steigende

Bevölkerungswachstumsrate anzupassen. Früher wurden die Sentô von fast 100 Prozent der Bevölkerung wöchentlich benutzt. Das war zum einen, weil es noch nicht üblich war, eine eigene Badewanne zu besitzen, und zum anderen, weil man so den Tratsch der Umgebung gut mitbekommen konnte. Diese Badehäuser waren nämlich ideal, um sich mit den Leuten aus der eigenen Umgebung auszutauschen, und um die Beziehungen zu pflegen, ein bisschen so wie bei den Gemeinschaftstoiletten der Römer. Als ich das erste Mal nach dem Sentô suchte, war ich ziemlich froh, als ich endlich das kleine Häuschen fand. Der Eingang des Sentô ist ziemlich unauffällig, weswegen ich die Kanji nochmal überprüfen musste. Nicht, dass ich noch aus Versehen in ein Privathaus eintrete. Auf den *Noren* (diese kurzen Stoffvorhänge vor den Eingängen) des Badehauses steht der Name 熱海湯 (Atami-yu) was in etwa "heißes Meereswasser" bedeuten könnte.

Ich schien also am richtigen Ort zu sein, schob das *Noren* beiseite und trat einfach mal ein. Im kleinen Eingangsbereich mit Holzboden und Holzwänden gab es viele kleine Schließfächer, in denen man seine Straßenschuhe verstauen sollte. Aus den Schließfächern musste man nur eine kleine Holzplatte herausziehen und schon war abgeschlossen. Die linke Seite der Schließfächer war für die Frauen und die rechte Seite für die Männer gedacht, was auch für die Türen galt, die in die Umkleiden weiterführten. Ich konnte die weiterführende Tür aber zuerst gar nicht finden, weil ich nicht wusste, welche der Holzwände ich verschieben sollte. Zum Glück kam kurz nach mir eine ältere Frau in den Eingangsbereich, die ich dann fragen konnte. Das war dann für mich die Person, an die ich mich während meines Onsen-Aufenthaltes klammern konnte. Sobald ich in den großen Umkleide- und Aufenthaltsraum eintrat, war ich erstmal am Staunen. Ich befand mich in einem geräumigen Gemeinschaftsraum mit Schließfächern, Massage-Stühlen und einem Kühlschrank. Durch die Glastür vorne konnte man in den Badebereich der Frauen schauen. Ich wusste erst gar nicht, wohin ich zum Zahlen gehen sollte, als neben mir auf einmal eine Stimme mit dem Willkommensgruß „Irasshaimase" ertönte. Dort thronte etwas versteckt auf einem Art Podest eine ältere Frau. Ihr Sitz war wohl so angebracht, dass sie schnell immer wieder zur Männer-Umkleide hinüber klettern konnte. Ich hatte vorher gelesen, dass sie und ihr Mann zusammen das Sentô betreiben. Das Atami-yu ist also wie üblich ein Familienbetrieb. 1954 wurde dieses Sentô eröffnet, und die Bäder werden heutzutage genau wie damals immer noch mit Feuerholz und Holzkohle beheizt. Ich zahlte der Dame also meine 460 Yen und ging zu einem der großen Schließfächer, in denen die Kleidung aufbewahrt wird. Ich ging erneut zu der Besitzerin und erklärte ihr, dass ich kein Handtuch dabei hätte, und bekam ein kleines von ihr kostenlos geliehen. Vor dem Bad musste ich aber nochmal auf Toilette und fand in der Ecke eine kleine Nische mit Holztür, durch die ich kaum hineinpasste. Es war ein kleines Stehklo mit Toilettenschuhen, und von der Decke baumelte die Toilettenspülung. Zurück beim Schließfach zog ich mich komplett aus und trat endlich mit dem kleinen Handtuch bewaffnet in den Badebereich ein. Am Eingang holte man sich erstmal einen kleinen Schemel und einen Eimer und hockte sich dann vor die Duschen, die ziemlich niedrig angebracht waren, und einen deswegen dummerweise kaum erreichten, weswegen man den Eimer benutzen musste, um den Körper zu waschen. Das war ziemlich umständlich und dauerte ewig. Ich habe versucht, die anderen zu kopieren und habe wahrscheinlich trotzdem vieles falsch gemacht. Die Japanerinnen nehmen sich dabei aber auch immer viel Zeit, weil sie sich sehr gründlich waschen. Manche polieren sogar jeden Zeh einzeln. Während das Waschen vor und nach dem Onsen meist eine gute halbe Stunde andauert, dauert das Baden im Onsen meist nur ein paar Minuten. Shampoo und Seife waren zum Glück im Sentô vorhanden, weswegen man selbst nichts mitbringen musste. Übrigens, eine weitere Besonderheit des Atami-yu sind die Landschaftsbilder vom Fuji-san an der Wand. Allein deswegen lohnt es sich schon, diesem Sentô einen Besuch abzustatten.

Es gab im Frauenbereich des Atami-yu zwei Bäder zur Auswahl. Ich versuchte zuerst in das Rechte einzusteigen, aber es genügte schon auch nur einen Fuß in das Wasser zu tunken. Mein Fuß brannte von der Hitze, mir wurde ein bisschen schummrig von dem Dampf und vor meinen Augen tanzten nur noch die glühenden Kohlen neben dem Bad. Mein Gesichtsausdruck war wohl so eindeutig, dass die Japanerinnen etwas lachen mussten, und meinten, das andere Bad wäre etwas weniger heiß. Ich bin mir nicht ganz sicher, ob das andere wirklich etwas kühler war, aber zumindest konnte ich es mir einreden und so endlich mal gänzlich eintunken. Außerdem war in dem Becken auch ein kleines Kind, vielleicht auch das erste Mal im Onsen, welches sich wegen der Hitze weigerte ganz einzusteigen und immer wieder aufschrie. So langsam konnten sich die schmerzenden Muskeln entspannen und bald war ich alleine im Bad. Mein Herz war immer schneller am Rasen und ich wusste, dass ich sofort aus dem Wasser heraussteigen musste. Wahrscheinlich hätten zwei Minuten schon gereicht. Ich weiß zwar nicht, welche Temperatur dieses Bad hatte, aber die Wassertemperaturen in den Sentô liegen immer über 40 Grad. Danach konnte ich kaum laufen und mir war so schummrig vor den Augen, dass ich dachte ich kippe gleich um. Also torkelte ich erstmal wieder zu meinem Schemel zurück und versuchte, mich kalt abzuduschen. Danach war meine Haut immer noch knallrot, aber immerhin waren meine zuvor verspannten Muskeln jetzt puddingweich. Ich war während meines Aufenthaltes in Japan in vielzähligen Onsen baden, aber bei weitem hatte keiner so heißes Wasser wie dieser Sentô. Im Umkleideraum konnte ich mich dann in Ruhe, während im Fernseher die Nachrichten liefen, abtrocknen. Außerdem konnte ich dort für 30 Yen den Föhn benutzen und nahm mir im Anschluss aus dem Kühlschrank ein Fläschchen Milch. In den Sentô und Onsen ist es traditionell schließlich üblich, nach dem Baden ein Fläschchen kalte Milch zu trinken. Alles in allem bin ich mir immer noch nicht ganz sicher, ob mir der Sentô gut tat oder nicht. Ich musste danach erstmal eine lange Pause einlegen bis ich erneut in den Sentô ging, aber es war die Erfahrung auf jeden Fall wert. Außerdem hat ja schließlich nicht jeder das Glück, einen so schönen und historischen Onsen bei sich in der Nähe zu haben.

Die Sumo-Ringer machen Mochi-Klöße

Wenn man einen japanischen Supermarkt betritt, ist einer der größten Unterschiede zu den deutschen Supermärkten, abgesehen vom teuren Obst und den teuren Miniatur-Schokoladen-Packungen, die große Auswahl an günstigem Fisch. Man kann Fische und Kopffüßer im Ganzen oder in feinen Scheiben kaufen, die teilweise auch für den Roh-Verzehr gedacht sind. Was davon jetzt aber wirklich roh verzehrt werden kann und was nicht, erkennt man daran, ob sie mit Etiketten, auf denen etwas wie 刺身用 oder Ähnliches steht, versehen sind. Oder man erkennt es meistens auch an dem Preis. Als ich einmal unbedingt Sashimi essen wollte und im Supermarkt ein fein geschnittenes Stück Fisch, zu gar keinem schlechtem Preis entdeckte, bemerkte ich erst Zuhause, dass der Fisch doch angebraten werden musste. Das Beste ist wahrscheinlich ohnehin, Sashimi im Restaurant zu essen.

Eine der Veranstaltungen, die mir bis heute besonders in Erinnerung bleibt, war das "Rice-Cake Making" Event, welches im sogenannten Okuma-Garten an der Uni stattfand. In dem kleinen japanischen Garten angekommen, bekam ich als allererstes eine kostenlose *Kenchinjiru*-Suppe, eine Art Gemüsesuppe mit Tofu und klebrigen Mochi-Klößchen, die unglaublich lecker schmeckte, in die Hand gedrückt. Währenddessen konnten wir dabei zuschauen, wie Sumo-Ringer Mochi (japanischer Reiskuchen) traditionell herstellten. Dafür wurde der Reis in einen Holzbottich gelegt und mit Wasser angefeuchtet. Dann wurde der Reis mit einem massiven Holzhammer mit aller Kraft zuerst geknetet und dann mit dem Hammer so fest wie möglich draufgeschlagen. Während der eine Sumo-Ringer auf den Reis schlug, wurde der Reisklumpen zwischendruch von einem Anderen umgedreht. Die zwei wechselten sich dabei in einem kurzen Zeittakt ab, und es war eigentlich erstaunlich, dass der eine Sumo-Ringer dem Anderen kein einziges Mal auf die Hand schlug. Ich dachte, dass für die Mochi-Herstellung die kräftigen Sumo-Ringer ideal wären, aber nach nur kurzer Zeit waren sie schon ziemlich erschöpft. Weil das Schlagen der Mochi-Masse einen hohen Kraftaufwand erfordert, ist es auch üblich, sich häufiger abzuwechseln.

Die Veranstaltung ging nur eine halbe Stunde. Am Abend danach machte ich mich auf zu einem Rockkonzert, welches in der Konzerthalle *Shin-Toyosu PIT* auf einer der künstlichen Inseln vor Tokio stattfand. Eine Besonderheit hiervon war, dass man nicht einfach so durch den Eingang durfte, sondern darauf warten sollte, bis die Nummer des Tickets aufgerufen wurde. Deswegen konnte man nicht anders, als von der eigenen Gruppe getrennt in die Halle einzutreten, es sei denn, alle hätten zu der gleichen Zeit auf die gleiche Weise ihr Ticket gekauft. Aber auf diese Art ging alles sehr diszipliniert zu, und es wurde kein bisschen gedrängelt. Drinnen konnte man sich dann sein Getränk bestellen und den besten Platz für das Live-Konzert aussuchen. Neben der Hauptband waren auch noch eine britische Band und eine weitere japanische Band zu Gast, die ich beide nicht kannte, welche aber nicht schlecht waren. Die Stimmung war durchgehend sehr ausgelassen und ich konnte viel tanzen.

Ein paar Tage später traf ich auch meine WIC-Gruppe wieder, und zwar in einem All-You-Can-Eat Restaurant. Und ich hatte eine so große Menge an Essen verdrückt, dass der Kalorienbedarf einer ganzen Woche schon gedeckt war. Aber so hatte ich auch endlich mein erstes selbstgegrilltes *Yakiniku*, was auf Deutsch einfach nur „gegrilltes Fleisch" bedeutet. Das Fleisch war extrem lecker: dünn geschnitten, zart und saftig. Natürlich konnte ich nicht aufhören zu essen. Dazu gab es noch Salat, Reis, Curry,

Sushi und eigentlich alles was man sich vorstellen kann. In dem Restaurant war es sogar möglich, sich sein eigenes *Shabu-Shabu* (Fleisch, das man in einem Kochtopf mit verschiedenen Soßenarten kocht) zu machen. Zum Nachtisch gab es ein Sortiment an Softeis, Kuchen und Schokoladenfondue mit Marshmallows. Dazu konnte man sich auch noch Zuckerwatte selber machen. Ich schüttete so viel Zucker in die Maschine, dass meine Zuckerwatte monströse Ausmaße annahm.

Als nächstes stand eine deutsche Weihnachtsfeier an. Ich weiß nicht, ob es an den starken Halsschmerzen lag, aber irgendwie schaffte ich es, an dem Abend in den falschen Zug zu steigen und merkte dann irgendwann ganz verträumt, dass ich mich ja in Akihabara und nicht in Harajuku befand, was eine ganz schön weite Strecke voneinander entfernt ist. Also kam ich eine ganze Stunde zu spät an, mit der Ausrede, ich wäre so schrecklich beschäftigt gewesen. Der Rückweg war dann aber auch wieder interessant, weil wir uns beeilen mussten, den *shuuden* - den letzten Zug des Tages - noch zu bekommen. Es ist je nach Zug und U-Bahn unterschiedlich, wann in Tokio die letzte Bahn fährt, und diese sollte unbedingt vorher nachgeschlagen werden, ehe man mit dem Taxi nach Hause fahren muss. Fast alle Bahnen haben ihre letzte Fahrt schon um kurz nach Mitternacht und nehmen die Fahrt erst ab fünf Uhr morgens wieder auf, weswegen man jeden Abend sehr aufpassen muss. Bis zu der Station Takadanobaba kam ich mit der Yamanote-Linie noch ohne Probleme. Bei der U-Bahn jedoch hatte ich schon die Ticketschranke passiert und war dabei, die Treppe hinunter zu laufen, als der Polizist hinter mir rief: "Auf Gleis 1 ist die letzte Bahn jetzt gerade abgefahren". Die Japanerin vor mir fluchte entgeistert, und wir mussten wieder zurück durch die Schranke. Danach wurde der Zugang zum Gleis 1 abgesperrt. Von Takadanobaba aus konnte ich aber zum Glück auch gut bis nach Hause laufen. Zu Fuß dauerte es nur so 40 Minuten, weswegen sich ein Taxi nicht lohnte. Ich war froh, dass ich es immerhin noch geschafft hatte, den letzten Zug bis nach Takadanobaba zu nehmen.

Im Bann der Disney-Fanatiker

Neben den internationalen Circles war ich auch noch Mitglied eines sogenannten Disney-Circles, der aus Disney-Fanatikern bestand und sich der Disney-Forschung widmete. Meistens trafen wir uns einmal in der Woche, um uns über Disney zu unterhalten, gemeinsam essen zu gehen, und ein paar Mal gingen wir auch zusammen ins Disneyland oder nach DisneySea, die beide in der Nähe von Tokio gelegen sind. Um von Tokio aus bis zu den Disney-Resorts zu kommen, muss man einfach nur den Zug in Richtung Chiba nehmen und bei Maihama aussteigen. Dann ist man schon direkt bei den Resorts. Es ist also eine kurze und unkomplizierte Strecke bis dorthin. Und das Praktische ist auch, dass DisneySea und Disneyland direkt nebeneinander liegen.

Im DisneySea Resort waren wir unglücklicherweise an einem Sonntag kurz vor Weihnachten und, wie man es sich natürlich hätte denken können, war es proppenvoll. Die Warteschlangen bei den beliebtesten Achterbahnen waren so lang, dass wir um die drei Stunden hätten warten müssen. Sogar bei den weniger beliebten, kleineren Attraktionen warteten wir meistens um die 40 Minuten. Trotzdem war es wegen der weihnachtlichen

Dekorationen ein schönes Erlebnis. Das Besondere an dem DisneySea ist ja auch, dass es das Einzige auf der Welt ist.

In dem DisneySea-Resort sind viele Elemente, die aus dem normalen Disneyland übernommen wurden, wieder zu erkennen. Dennoch gibt es auch viele komplett neue und auf der Welt einzigartige Elemente. Das Besondere ist zum einen, dass es zu drei Vierteln von Meer umgeben ist. In der Mitte befindet sich ein großer See, und thematisch ist der Themenpark nicht nur in Disney-Bereiche, sondern auch in verschiedene Länder unterteilt. Was mir besonders gefallen hatte, und was es im normalen Disneyland nicht gibt, waren der Hafen und das Schloss von Ariel. Und man sollte auf jeden Fall im Resort bleiben bis es dunkel wird, weil die Beleuchtung (auch wieder von Ariels Schloss) und die Show um 18 Uhr sehr sehenswert sind. Die Show findet nämlich mit Schiffen, Feuereffekten, Projektionen und Feuerwerk jeden Abend auf dem großen See statt.

Es war zum Glück den ganzen Tag über sonnig, aber der Wind, der vom Meer kam, war eisig und garstig. Ich habe Stitch getroffen, Churros und Hamburger gegessen und war mit erwachsenen Leuten unterwegs, die übermäßig begeisterte Fans von Disney sind. Wenn man nach Tokio kommt, sollte man unbedingt einen Abstecher zu diesem Resort mit einplanen. Ob es besser ist als das normale Disneyland, ist schwer zu sagen. Das DisneySea ist etwas mehr auf Erwachsene ausgerichtet, fokussiert sich nicht nur auf die Disney-Charaktere, und die Achterbahnen sollen etwas besser sein. Aber beide Resorts sind wahrscheinlich auf ihre eigene Art und Weise etwas Besonderes, und das Ambiente ist in beiden so unterschiedlich, dass sie eigentlich schwer zu vergleichen sind. Der Anteil an überbegeisterten Erwachsenen ist jedenfalls sowohl im DisneySea als auch im Disneyland sehr groß. Dass Disney also nur etwas für Kinder sein soll, wird gerade in Japan deutlich widerlegt.

Shabu Shabu

Shabu Shabu ist ein japanisches Gericht, bestehend aus Rindfleisch und Gemüse (Lauch, Kohl, Pilze, Tofu, Möhren etc.) sowie Glasnudeln, welche man in einem Kochtopf mit etwas Brühe kocht und dann in Schälchen mit Soße tunkt. Der Name soll von dem Geräusch stammen, das man hört, wenn man die Zutaten in dem Kochtopf umrührt oder wenn man sie in die Soßen tunkt. Häufig gehört zu den Soßen eine Sesam-Soße sowie eine sehr saure Ponzu Soße, die auf Zitrusfrüchten und Essig basiert. Das Gericht ist sehr gesund und lecker.

Nachdem Fleisch und Gemüse aufgegessen sind, kann man zu der restlichen Brühe noch Nudeln bestellen, wie zum Beispiel Ramen oder sehr breite, flache Nudeln. Auch wenn das Shabu-Shabu allein schon ziemlich satt macht, gehören Nudeln oder Reis im Anschluss noch dazu. Zu diesem leckeren Essen wurde ich von den vier älteren Damen eingeladen. Zum Schluss gab es auch noch einen Nachtisch: Lotus-Mochi, die einem auf der Zunge zergingen, mit süßem Sirup.

Das Essen war etwas zu reichlich und nur schwer zu schaffen, weil die Damen mich ordentlich füttern wollten. Danach hatte ich die Wahl, ob wir noch zum Karaoke oder nur einen Kaffee trinken gehen. Ich entschied mich natürlich für den Kaffee.

Japans Weihnachts-Absurditäten

Auch wenn ich in dem Jahr nicht das Vergnügen hatte, Weihnachten in Japan zu feiern, weil ich mich aus Sehnsucht dazu entschlossen hatte, für ein traditionsprächtiges Weihnachten mit üppigem Weihnachtsessen zurück nach Deutschland zu fliegen, muss ich doch etwas über Weihnachten in Japan schreiben. Die Weihnacht sieht in Japan im Vergleich zu Deutschland abgesehen von den üppigen und bunten Beleuchtungen ziemlich traurig aus. In einem nicht-christlichen Land hat Weihnachten natürlich keine bedeutungsvolle Tradition und wird somit auch nicht mit der Familie zusammen gefeiert. Das Sonderbare in Japan ist aber, dass der 24. als Pärchen verbracht wird, als wäre es eine Art Valentinstag. Genau aus diesem Grund habe ich das Gefühl, dass viele junge Japaner sich nicht sehr auf den 24. freuen, weil sie unter dem sozialen Druck in Scham und Einsamkeit zergehen, wenn sie bis zu dem Zeitpunkt von Heiligabend noch keinen Liebhaber gefunden haben. Die meisten jungen Japaner haben für Beziehungen einfach keine Zeit, und um zu Weihnachten eine gute Ausrede zu haben, warum sie an dem Tag keine Verabredung haben, werfen sich die allermeisten einfach am 24. in ihren Nebenjob oder meinen, sie müssten an dem Tag sehr viel lernen. Niemand möchte an dem Tag von allen bemitleidet werden. Eine Japanerin meinte zu mir, dass sie zu jeder Weihnacht den Abend alleine bei einem Pizza-all-you-can-eat-Restaurant absitzen würde, weil ihre Freundinnen alle einen Freund hätten. Obwohl ich Pizza-all-you-can-eat nicht als etwas Schlechtes sehe. Eine weitere Kuriosität der japanischen Weihnacht ist das Chaos, das sich im KFC (Kentucky Fried Chicken) abspielt. Dass Familien ihr "traditionelles Weihnachtsessen" in einer Fast Food Kette bestellen, entspringt einer erfolgreichen Marketingkampagne des KFC. Gerade für Christen mag es etwas absurd wirken, aber was sollen die Japaner auch schon machen, wenn es nun mal nicht Teil ihrer Religion ist.

Neujahr: Ein Fest voller Symbolik

Im Gegensatz zu Weihnachten zählt das Neujahr zu den wichtigsten Festen in Japan. Es ist schließlich nicht oft zu vernehmen, dass die japanischen Firmenangestellten drei Tage hintereinander frei bekommen. Es ist tatsächlich so, dass während dieser Zeit von den größten Firmen bis hin zu den kleinsten Geschäften Produktion und Verkauf eingestellt werden, und diese Tage somit sehr friedlich und ruhig dahinziehen. So friedlich allerdings, dass es etwas unglücklich ist, wenn man ausgerechnet am 31. Abends in Japan anreist und nicht in den Supermärkten die essentiellen Einkäufe für Grundnahrungsmittel erledigen kann. Aber dafür gibt es ja die *Konbinis*, die Allzweckläden, die ausnahmslos rund um die Uhr geöffnet haben. In der Silvester-Nacht bekommt man, sobald der Zeiger auf Null Uhr rückt, von der Lautstärke her nichts davon mit, dass ein neues Jahr angebrochen ist. Silvester und Neujahr werden in Japan eben sehr still und besinnlich gefeiert. Was zu Neujahr auch sehr schön ist, sind die Neujahrs-Dekorationen, die an Gartenzäunen, Haustüren und an den heruntergelassenen Gittern der geschlossenen Geschäfte für die drei Tage angebracht sind. Diese Dekorationen sehen zum Beispiel so aus:

Diese Art der Dekorationen heißen *Shimekazari* und werden meistens aus Stroh, gefaltetem Papier und diversen Pflanzen hergestellt. Häufig ist auch eine Mandarine in der Mitte zu sehen. Außerdem gibt es als Dekoration auch noch das *Kagami Mochi*, das mit zwei Mochi (Reiskuchen) und einer Mandarine zu einem kleinen Turm übereinandergestapelt und auf den Hausaltar gestellt wird. Man kann das aber auch einfach aus Plastik im Supermarkt kaufen. Eine dritte Sorte der Neujahrs-Dekoration ist das *Kadomatsu,* welches häufig vor Eingängen zu finden ist, hauptsächlich aus drei Bambusröhren und Kiefernzweige besteht und am unteren Ende mit Stroh eingewickelt wird. In diesen Gestecken nisten sich die Jahresgötter ein, um Glück zu bringen.

Die Mandarinen, die bei den Dekorationen häufig zu finden sind, haben eine besondere Bedeutung, auch wenn früher anstelle der Mandarine eigentlich eine teure Bitterorange verwendet wurde. Sie sollen symbolisch für den Fortbestand der Familie von der einen Generationen zu der nächsten stehen. Bei der jetzigen Generation können die Eltern aber umsonst auf den Fortbestand hoffen. Das traditionelle Familiensystem scheint nicht in die Gegenwart passen zu wollen. Ich glaube aber auch, dass sich die meisten Japaner der Bedeutungen nicht mehr bewusst sind. Die meisten Japaner haben ein ziemliches Desinteresse bezüglich ihrer Religionen, welche sie eher mit der japanischen Kultur im Allgemeinen assoziieren und vermischen. Einige der jüngeren Japaner wissen nicht einmal, dass es einen Unterschied zwischen Buddhismus und Shintoismus gibt, und schaffen es auch ohne eigentlichem Glaubensinhalt die Traditionen weiterleben lassen. So eine ähnliche Tendenz gibt es ja auch bei den jüngeren Generationen in christlichen Ländern, in denen die religiösen Feste auch ohne Glauben fröhlich weitergefeiert werden. Es ist etwas wirklich Schönes, wenn die Religionen keinen aggressiven Einfluss auf das alltägliche Leben nehmen, man sich aber trotzdem ganz ungezwungen auf sie stützen kann. Wichtig sind die Religionen auch weiterhin in der Hinsicht, dass sie essentielle Dinge, wie Kultur und familiäre Beziehungen, aufblühen lassen. So gehen Japaner also meistens nur zum Beten an die Schreine, wenn es zum *Hatsumode* (dem ersten Gebet im neuen Jahr) ist, oder sie besondere Wünsche haben, wie zum Beispiel bei den Klausuren mit einem guten Ergebnis abzuschneiden.

Interessant ist auch der große Hausputz zum Jahresende hin, ein Brauch, bei dem die ganze Wohnung bis Silvester hin aufgeräumt und gereinigt wird, um schmutzfrei in das neue Jahr zu kommen. Das kann man mit dem jährlichen Frühjahrsputz vergleichen.

Was man in der Silvesternacht isst, ist je nach Region unterschiedlich. Jedoch ist eine Suppe namens Ozôni, die Verschiedenes an Gemüse und Mochi enthält (was genau da hinein kommt, variiert auch nach Region) weit verbreitet. Üblich sind auch Soba (Buchweizennudeln), die wegen ihrer Länge ein langes Leben versprechen sollen. Jetzt weiß ich auch, warum Japaner so alt werden: Es sind eindeutig die langen Nudeln. Was jedoch an den drei Feiertagen gegessen wird, ist *Osechi Ryôri*. Das sind traditionelle Neujahrsgerichte, die in speziellen Schachteln serviert werden. Es gibt zum Beispiel Omelett, Bitterorange, verschiedene Gemüsesorten,

Scheiben gedämpfter Fischpaste, Seetang, getrocknete Sardinen in Sojasoße, schwarze Sojabohnen, Meerbrasse, Heringsrogen, Garnelen etc. Jede einzelne Komponente umfasst auch hierbei wieder eine symbolische Bedeutung. Die Kinder bekommen zu Neujahr übrigens von ihren Eltern Umschläge mit Geld überreicht.

Ich selbst hatte zu Neujahr nicht viel erlebt, weil ich nicht die Chance hatte, die festlichen Tage bei einer Gastfamilie zu verbringen. In der Silvesternacht kam ich gerade wieder aus Deutschland in Narita am Flughafen an, fuhr zu meinem Sharehouse, um die Koffer abzuladen, und machte mich auf den Weg zu der sogenannten „blauen Höhle"/青の洞窟 in Shibuya, weil der 31. der letzte Tag war, and dem man sie sich ansehen konnte. Die blaue Höhle war eine Winterbeleuchtung, bei der eine ganze Allee von Bäumen mit mehr als 600,000 kleinen blauen LED Lämpchen intensiv beleuchtet wurden. In Tokio gibt es im Winter viele solcher Orte, die stark beleuchtet werden und so zu einer Attraktion werden.

Nach dem kurzen Abstecher zu der blauen Höhle hatte ich eigentlich geplant, eine Ozôni-Suppe selbst zu kochen. Ich war nach dem Flug aber so müde, dass ich viel zu früh eingeschlafen bin. An dem Tag darauf gab es zum Trost aber das leckerste Thunfisch-Sushi.

Der Tag der Volljährigkeit

Jedes Jahr findet am zweiten Montag im Januar der "Tag der Volljährigen"/ 成人の日 statt, an dem die 20-Jährigen laut Gesetz volljährig werden und sich deswegen feiern lassen. In jedem Stadtteil werden dann Vollversammlungen veranstaltet, an denen man teilnehmen darf, wenn man als 20-Jähriger vom Stadthaus eine Einladung erhalten hat. Bei den Vollversammlungen müssen sich die jungen Erwachsenen längere Vorträge über die neuerlangten Rechte wie Alkoholtrinken und Rauchen und die neuen Verpflichtungen über sich ergehen lassen. Das sind alles Rechte, die man in Deutschland in dem Alter schon längst hat. In der Nähe des Hotels New Otani und des Kaiserpalastes konnte ich an dem Tag ein paar frisch volljährig gewordene junge Erwachsene auf den Straßen entdecken. Die Männer trugen schlichte Anzüge in Schwarz, und die Frauen liefen in besonders teuren, glänzenden, prachtvoll ausgeschmückten und mit dicken Pelzkragen versehenden Kimonos in hohen, klappernden Holzschuhen herum. Das sah sehr eindrucksvoll aus. Und das sollte es auch, denn die Frauen verbringen wohl im Durchschnitt um die fünf Stunden damit, sich für dieses besondere Ereignis zurecht zu machen. In letzter Zeit gibt es aber die Tendenz, dass die Zwanzigjährigen von Jahr zu Jahr deutlich weniger werden. Deswegen machen sich die Stadtbehörden auch ziemliche Sorgen darum, wie es in Zukunft weiter gehen soll.

Kundenservice und Kanji

In Japan wird der Service im Gegensatz zu Deutschland besonders großgeschrieben und es wird sich immer sehr an den Bedürfnissen der Kunden orientiert, wie es auch normalerweise sein sollte, um die Kauffreudigkeit anzukurbeln. Anstelle von „der Kunde ist König" heißt es hier schließlich „der Kunde ist Gott". Und das bekommt man hier auch immer wieder zu spüren. Man wird eigentlich immer sehr gut und ehrlich beraten, und in vielen Geschäften wird man nach dem Kauf bis nach draußen begleitet, wo man vor der Tür die Ware erst überreicht bekommt und die Verkäuferin sich noch ein paar Mal vor einem verbeugt und sich bedankt. In diesen Situationen kommt man sich, wenn man sich noch nicht daran gewöhnt hat, etwas komisch und unwohl vor. Aber sobald man sich daran gewöhnt, merkt man doch, wie bequem und unproblematisch der Alltag durch die sich übermäßig bemühenden Verkäuferinnen werden kann. Ich hatte deswegen häufig das Gefühl, dass ich in Japan zu sehr verwöhnt werde und dann beim Einkaufen in anderen Ländern nicht mehr klar kommen würde.

Ein Problem, auf das ich im Alltag immer wieder traf, waren die japanischen Schriftzeichen, die sich *Kanji* nennen. Kanji zu lernen ist eindeutig der schwierigste Teil an der japanischen Sprache. Diese Schriftzeichen wurden ab etwa 400 n.Chr. aus der chinesischen Schrift übernommen, obwohl die chinesischen Schriftzeichen zu der japanischen Sprache eigentlich nicht passen, und deswegen passend gemacht werden mussten, indem man sie mit den Hiragana und den Katakana kombinierte. Somit wurde das vermutlich komplizierteste Schriftsystem der Welt erschaffen. Ein Kanji hat jeweils eine On-Lesung (chinesische Leseweise) und eine Kun-Lesung (japanische Leseweise) oder sogar mehrere On- und Kun-Lesweisen. Ein einzelnes Kanji kann bis zu fünfzehn verschiedene On- und Kun-Lesungen haben. Wie man es dann ausspricht, hängt von der Kanji-Kombination ab, mit der ein Wort gebildet wird. Und weil das Japanisch so lautarm ist, teilen viele Kanji die gleiche Lesung. Es gibt zum Beispiel fast 1000 Kanji, die die Leseweise Kô haben, was das Lernen aber nicht vereinfacht. Es gibt auch unglaublich viele Begriffe, die sich von der Kanji-Kombination und der Bedeutung her unterscheiden, aber genau die gleiche Leseweise haben. Also, woran kann man in der gesprochenen Sprache erkennen, welcher Begriff gemeint ist, ob zum Beispiel *kikai* jetzt Maschine, Gelegenheit, Instrument, Trauer etc. bedeuten soll? Im Japanischen unterscheidet man durch die Tonhöhen, die man ganz leicht vernehmen kann, wenn man sich sehr anstrengt. Für diejenigen, die Japanisch lernen, ist das eine Qual.

Bei den Kanji ist auch noch zu vermerken, dass sie, seit sie aus dem Chinesischen übernommen wurden, sich nicht sehr verändert oder weiterentwickelt haben. Während die Chinesen ihre Schriftzeichen deutlich vereinfacht haben, bleiben die Japaner wie üblich lieber traditionsbewusst und scheuen wie bei ihrer Verfassung vor Veränderung zurück. Die Japaner selbst können die meisten der etwa 15.000 existierenden Kanjis übrigens auch nicht lesen, sondern lernen nur einen kleinen Bruchteil davon, obwohl sie in der Schule viele Jahre damit verbringen müssen, Kanji einzustudieren. Sogar in der Universität sind in manchen Fächern wohl Kanji-Tests üblich, weil ja schließlich immer wieder neue Begriffe auftauchen. Und wenn ich japanische Freunde bei einer Werbetafel oder Speisekarte danach frage, was dort steht, dann gibt es schon häufiger einmal ein Kanji, das sie auch nicht lesen können. Ich glaube, vor kurzem wurde es auch bei einem Politiker etwas peinlich, als er bei einer Rede etwas vorzulesen versuchte und eine Kanji-Kombination nicht lesen konnte. Und nicht zu vergessen, dass durch die zunehmende Benutzung von Laptop und Smartphone auch die Japaner schnell vergessen, wie man Kanji per Hand schreibt.

Japanisches Neujahr Teil 2: Kakizome und Hatsumode

Ich war Mitte Januar mit dem internationalen Circle wieder einmal bei einer kulturellen Veranstaltung, bei der uns etwas über die Traditionen des japanischen Neujahrs beigebracht wurde. Dass es am 14. Januar, lange nach Beginn des neuen Jahres, vielleicht etwas spät für diese Aktivitäten sein könnte, schien nicht wichtig zu sein. Das neue Jahr wird in Japan noch über lange Zeit wertgeschätzt. Die beiden Aktivitäten, die wir alle gemeinsam ausprobierten, waren *Kakikome*, die erste Kalligrafie des Jahres, und *Hatsumode*, der erste Tempelbesuch mit dem ersten Gebet des Jahres. Wann dies gemacht wird, ist wirklich nicht wichtig. Man muss das nicht unbedingt gleich am 1. Januar kurz nach Mitternacht machen. Es wird sowieso davon abgeraten, gleich in den ersten Tagen nach Neujahrbeginn zum Hatsumode zu gehen, weil es zu der Zeit an den Tempeln sehr voll ist. Gerade von dem Meji-Schrein wird abgeraten, auch wenn er für Hatsumode der vielleicht bekannteste Schrein ist, weil die Besucherzahlen so extrem hoch sind, dass man in den Menschenmassen in Verzweiflung gerät. Deswegen sind die etwas kleineren, unbekannteren Schreine angenehmer, oder eben ein späterer Zeitpunkt.

Bei der ersten Aktivität, dem Kakizome, schrieb ich keine poetisch wertvollen Texte, sondern einfach die Namen von japanischen Gerichten, die ich besonders gerne esse, sowie Dinge, die ich mir in dem neuen Jahr wünschte. Man kann auch einfach das Wort nehmen, das einem als erstes einfällt. Bei der ersten Kalligrafie des Jahres gibt es keine strengen Regeln, zumindest wenn es nach den jungen Japanern geht. Ich schrieb zum Beispiel auch einfach Wörter wie "Katze" und "ruhiges Herz", nur weil ich die Kanji dafür wusste. Die Kanji von den Japanern waren aber auch meist recht simpel, und viele hatten einfach ihre Lieblingscharaktere aus Anime-Serien genommen.

Nachdem wir das Kakizome fertig vollbracht hatten, gingen wir zu dem Meiji-Schrein, um das erste Gebet auszuführen. Auf dem Weg dahin gab es schonmal einen kleinen Vorgeschmack auf das Eisskulpturen-Fest in der

Stadt Sapporo. Auf den Wegen, die zu dem Schrein führen, gab es kleine, aber sehr fein und detailliert geschnitzte Eisskulpturen, die im Sonnenschein glitzernd den Weg dekorierten. Nur waren sie unter den Sonnenstrahlen auch leider schon etwas am Schmelzen.

Als wir den Meiji-Schrein schließlich erreichten, waren wir schockiert. Die Warteschlangen vor dem Meiji-Schrein waren so lang, dass sie bis an das andere Ende des Platzes reichten. Also entschloss ich mich, stattdessen mit einer Schwedin in Harajuku Waffeln essen zu gehen. Ich bestellte mir eine Waffel mit einer großen Portion Eis, Bananenstückchen, Schokosauce, und einem großen Haufen süßer, fetter Sahne. Gerade in Harajuku kann man bei den süßen Gerichten einfach nicht widerstehen.

Schnee-Chaos in Tokio

Was passiert eigentlich, wenn es in Tokio schneit? Schnee ist hier so eine Seltenheit, dass die Leute gar nicht gut auf plötzliche Schneestürme vorbereitet sind. Die Straßen werden kein bisschen freigekehrt, nicht einmal die mehrspurigen Hauptstraßen, und die Autos müssen somit ganz ganz langsam und vorsichtig herum tuckern. Ich weiß nicht, wie es mit Winterreifen aussieht, aber wahrscheinlich wird in Tokio darauf verzichtet. Auf den Bürgersteigen kommen die Leute auch kaum voran, weil ihre geschniegelten, frühlingshaften Schuhe für dieses Wetter nicht geeignet sind, und sie somit auf der glatten Oberfläche hin und her rutschen. Gerade die Frauen kommen mit ihren hochhackigen Schuhen nur schwer durch den hohen Schnee. Was man in Tokio auch nicht so sehr zu kennen scheint, ist Salz auf die Wege zu streuen, damit nicht alle paar Minuten eine ältere

Person vor einem hinfällt. Was aber, obwohl es für die Anwohner keine Pflicht ist, gemacht wird, ist, die Wege freizuschaufeln. Aber das passiert dann auch sehr spät, nachdem schon viele Leute im Krankenhaus gelandet sind. An der Uni gab es lustigerweise alle paar Meter so etwas wie Sprinkleranlagen, um die Wege freizubekommen, aber zum einen verbesserten sie die Lage nicht, und zum anderen versperrten sie mir immer den Weg, sodass ich nicht über sie hinweg kam, ohne an den Füßen nass zu werden. Man konnte ihnen auch sonst irgendwie nicht ausweichen. Außerdem friert das Wasser später und bildet eine noch glattere Fläche. Wie auch immer, ich war trotz allem ziemlich froh, dass es diesen Schneesturm gab, und dass sich der Schnee so hoch angesammelt hatte, gerade weil es in Tokio so selten ist. Es war schön, die Millionenstadt ganz in Weiß zu sehen.

Im Wald von Totoro

Während dem Prüfungsstress im Januar wurde das Gefühl in mir größer, dass ich dringend mal aus der Großstadt raus und auf das Land in die Stille der Natur müsste. Und ich dachte, dass sich ein Wald, der nach dem Totoro (einer Figur aus den Ghibli-Filmen) benannt ist und an einen riesigen Stausee grenzt, für einen kleinen Abstecher in die Natur ideal wäre. Der Wald liegt nordöstlich von Tokio in der Präfektur Saitama, nur ca. zwei Stunden mit dem Zug entfernt. Auf dem Weg dorthin schaffte ich es erstaunlicherweise, an fast jedem Bahnhof, an dem ich umsteigen musste, in den Zug, der in genau in die entgegengesetzte Richtung fuhr, einzusteigen. Die Seibu-Linie kann manchmal wirklich ganz schön verwirrend sein. Bei jedem Zug wurden die Leute weniger und bei dem letzten Zug blieb ich so lange sitzen, bis von mir abgesehen der Wagon ganz leer war. Dann wurde die Endstation verkündet und ich war endlich angekommen. Es war eisig kalt, bestimmt Minusgrade, und es lag noch viel Schnee neben den Straßen. Ich lief über den vereinsamten Bahnsteig, sah, dass die Damentoilette defekt war, und ging zum Ausgang. Das Erste, was mir auffiel, war eine riesige Kuppel neben dem Bahnhof, die so gar nicht in das ländliche Bild passte. Das war bestimmt ein Baseball-Stadion. Dann ging ich die Straße entlang, wo ältere Herren gerade beim Schneeschippen waren. Vereinzelt kamen mir sogar noch Leute entgegen. Die Wohngegend, die ich durchquerte, war sehr niedlich. Es gab kleine Felder, bei denen das Gemüse im Schnee versank, und einen unter Bambus verborgenen kleinen Fluss. Dann ging es den Berg hinauf, in den Totoro-Wald.

Die Wege waren von Schnee verdeckt, und manchmal wusste ich nicht, in welche Richtung ich gehen sollte. Aber das war nicht weiter schlimm, weil ich abgesehen von dem Kurosuke-Haus, ein kleines Museum der Totoro-Stiftung, kein konkretes Ziel hatte. Es war an sich schon schön genug, in der verlassenen Schneelandschaft herum zu wandern. Nach etwas Wandern auf dem Berg lief ich den Hang wieder herunter zu dem kleinen Ort von vorhin und passierte ihn in Richtung See. Um zu dem Stausee zu gelangen, musste ich erstmal einen hohen Damm hochklettern, aber einmal oben angekommen, wurde ich mit einer wunderschönen Aussicht belohnt. Der See war mit seiner riesigen Fläche sehr eindrucksvoll und dahinter konnte man, gar nicht mal so klein, den Fuji-san erkennen, über dem die Sonne gerade unterging.

So langsam wurde mir klar, dass ich wieder nach Hause musste. Es wurde dunkel und immer kälter. Die Spatzen kuschelten sich schon dick aufgeplustert aneinander und außerdem wurde mir mit der Zeit, wahrscheinlich weil ich nur noch Menschenmassen gewohnt war, das fast ausgestorbene Dorf unheimlich. Die Rückfahrt verlief im Gegensatz zu der Hinfahrt ohne Probleme und als ich Zuhause ankam, war mein Gesicht von der Kälte lila verfärbt.

Die zweitgrößte Zeitung der Welt

Ich hatte an der Universität einen Kurs, in dem es um das Lesen von japanischen Zeitungen ging. Mit diesem Kurs zusammen nahm ich an einer Führung bei der Asahi Shimbun, eine der bekanntesten Zeitungsfirmen Japans, teil. Die Asahi ist eine der fünf nationalen Zeitungen und von den Auflagen her nach der Yomiuri Shimbun die zweitgrößte Zeitung nicht nur in Japan, sondern der Welt. Sie ist eng verknüpft mit Asahi Television und vertritt politisch linke Ansichten, im Gegensatz zu der Yomiuri, die politisch ganz rechts angeordnet ist. Die Meinungen dieser beiden größten Zeitungen könnten kaum noch mehr divergieren, weswegen es immer zu einem interessanten Gefecht politischer Diskussionen kommt.

In der Firma sahen wir uns die Abteilungen an, die alle zusammen in einem riesigen Großraumbüro untergebracht waren, was bei einer Zeitung, in der alle Abteilungen eng zusammen arbeiten müssen, auch sinnvoll sein kann. Ich konnte mir nur schwer vorstellen, wie man sich in so einem Großraumbüro auf die eigene Arbeit konzentrieren kann. Danach durften wir uns auch die Pressplatten zum Drucken der Zeitungen ansehen und erfuhren genaueres über den Druckprozess. Die Tinte soll angeblich zu 50% aus Bohnen bestehen und wird mit Wasser vermischt, um von dem Öl getrennt zu werden. Ansonsten war das Meiste an dem Druckverfahren genau so wie bei anderen Zeitungen und muss nicht genauer erwähnt werden. Die Führung bei der Asahi Zeitung war alles in allem ganz nett, und schön war auch, dass unser Gruppenfoto in die nächste Auflage der Asahi Zeitung kam.

Nagano – Wo die Affen toben

Ich hatte mich, nachdem das stressige Semester zu Ende war, kurzerhand dazu entschlossen, den Nachtbus von Shinjuku bis nach Nagano zu nehmen, wo ich einen ganzen Tag verbrachte. Nagano ist sowohl eine Stadt als auch eine Präfektur, die für ihre Skigebiete bekannt ist. Als ich den Nachtbus nehmen wollte, war ich viel zu früh an dem Bahnhof von Shinjuku, denn der Bus sollte erst in einer Stunde abfahren. Also lief ich in Shunjuku etwas herum und sah mir die Winterbeleuchtung in der Nähe des Bahnhofs etwas an. Mit vielen bunten LED-Lämpchen wurden Höhlen, Bälle, Gräser, Wände und verschiedene andere Formen und Landschaften gestaltet und sogar Bäume gänzlich bedeckt.

Die Fahrt im Nachtbus verging ohne Probleme. Ich kam um fünf Uhr morgens in Nagano an. Zu der Zeit waren es -8 Grad Celsius, und auf den ersten Blick hatte keines der Geschäfte geöffnet. Es fuhr auch noch keine Bahn ab. Die einzige Möglichkeit, um sich vor der Kälte zu retten, war ein Familymart-Konbini, in dem ich mir einen Kaffee zog, als Ausrede dafür, möglichst lange in dem Geschäft stehen zu bleiben. Danach nahm ich den Schnellexpress in Richtung Matsumoto. So war ich eine Stunde lang von der Kälte verschont und konnte die schöne Schneelandschaft um mich herum genießen. Der Zug fuhr etwas erhöht an den Bergen entlang und somit hatte ich einen guten Blick auf das weite, flache Tal, das von Alpenähnlichen Bergen umrandet war. In Matsumoto angekommen, hatte ich immer noch mehr als eine Stunde Zeit bis die Matsumoto-Burg ihre Tore für die Touristen öffnete, also verschanzte ich mich im Starbucks, welches die einzige Zufluchtsmöglichkeit vor der Kälte war. Ich versuchte die ganze Zeit über, mich bei der Kälte nicht zu lange draußen aufzuhalten, vor allem, weil ich vorher die Nacht im Bus schon durchgefiebert hatte. Jedenfalls, als ich bei der Burg ankam, begrüßte mich dieser wunderbare Anblick:

In dem Gewässer, das die Burg umrandete, schwammen Kois von der Größe bis zu einem Meter sowie ein Pärchen Schwäne. In der Burg selbst war abgesehen von den Wächtern außer mir noch niemand da. Ich fand es erstaunlich, wie die gesamte Burg einfach nur aus Holz erbaut wurde und trotzdem als robuster Schutz dienen konnte. Mit fischähnlichen Wasserspeiern auf dem Dach und Formen, die verhinderten, dass sich das Feuer in der Burg ausbreitet, konnte dem ständigen Abbrennen der Burg entgegengewirkt werden. Die Burg wurde erst im 16. Jahrhundert richtig ausgebaut, als es im Reich unruhig wurde. In der Burg kann man sich trotzdem noch die Räume, die aus den ruhigeren Zeiten stammen und dementsprechend nach außen hin offener gebaut wurden, ansehen. Von den Fenstern der Burg hat man einen guten Blick auf die mit Schnee bedeckte Bergkette. Auch werden verschiedene Schriften, Waffen und Rüstungen in den Räumen ausgestellt, mit denen man sich die geschichtlichen Ereignisse gut vorstellen kann. Weil ich in der eiskalten, unbeheizten Burg in Socken laufen musste, waren meine Zehen schnell tiefgeforen, weswegen ich mich frühzeitig wieder auf den Weg zum Bahnhof machte.

Wieder in Nagano angekommen, nahm ich den Bus in Richtung „Monkey Park", weil ich die in heißen Quellen badenden Äffchen sehen wollte. An der Bushaltestelle angekommen, musste ich, um zu den Äffchen zu kommen, erstmal eine lange Zeit durch den Schnee stapfen. Der Weg führte durch die Wälder entlang an den Bergen und dann an einem kleinen Dorf vorbei, neben dem es aus der Erde eindrucksvoll dampfte. In den heißen Quellen neben dem Dorf badeten die Dorfbewohner nackig und entspannt, ohne die Touristen, die daneben vorbeiwuselten, zu beachten.

Durch das kleine Häuschen der Ticketkontrolle hindurch sah ich dann auch schon bald in einer Talschlucht die Äffchen herumtollen. Das war ein ziemliches Gewusel. Sie kletterten weit oben auf den Felsen, dösten und lausten sich am Fluss und rutschten die Rohre entlang. Es gab auch viele kleine Äffchen, die auf Stangen herumturnten und sich rauften. In den heißen Quellen badete aber kein einziger Affe. Manchmal tranken sie aber daraus. Wahrscheinlich war es schon zu spät am Tag und schon zu warm. Es machte aber trotzdem Spaß, den Äffchen zuzuschauen und manchmal kamen sie einem ganz nah. Das Tolle ist ja, dass die Affen frei herumlaufen und Menschen gegenüber zahm sind. Man sollte aber trotzdem versuchen, einen Meter Abstand zu lassen und den Affen nicht in die Augen zu blicken.

Auf dem Rückweg ging ich in das Restaurant Enza in der Nähe des Affenparks und bestellte mir Zenkoji Miso Chicken Ramen, bestehend aus Pilzen, einem zarten Stück Fleisch und Kräutern, die mir nicht bekannt waren. Die Zutaten schienen sehr lokal zu sein, und zusammen mit dem Glühwein war das genau das Richtige bei der Kälte.

Ich nahm wieder den Bus zurück nach Nagano und verbrachte die restliche Zeit dort. Aber nach einbrechender Dunkelheit gab es da nicht mehr viel, was man sich ansehen oder machen konnte.

Enoshima und Kamakura

Ich war einmal mit einem Freund auf einer recht bekannten Halbinsel namens Enoshima, in der Nähe von Kamakura, südlich von Tokio. Die Halbinsel ist trotz nur vier Kilometern Umfang sowohl bei Japanern als auch bei Touristen sehr beliebt und für einen Tagesausflug zusammen mit der Stadt Kamakura geeignet. Um nach Enoshima zu gelangen, muss man vom Festland aus über eine von Meer umgebene 600 Meter lange Brücke laufen. Auf der Halbinsel angekommen, liefen wir zunächst an einem Onsen und vielzähligen kitschigen und touristisch aussehenden Geschäften vorbei bis zu den ersten steilen Treppenstufen. Enoshima hat nämlich eine ganz schöne Erhebung, bei der man bis an die Spitze ganz schön klettern muss. Es gibt zwar auch eine Rolltreppe, aber die kostet 300 Yen.

Auf der Halbinsel kann man sich abgesehen von der schönen Natur viele Katzen und Schreine ansehen. Am ersten Schrein sah ich viele kleine Jizo-Statuen. Die Jizo sind Bodhisattva Figuren, die den Frauen, die Fehlgeburten hatten, Trost spenden und die gestorbenen Kinder in die Unterwelt begleiten. Außerdem entdeckte ich viele Drachen-Motive. Zum Beispiel wachte ein Drachen über eines der Becken, an denen man sein Geld waschen kann.

An der Spitze angekommen bezahlten wir den Eintritt in einen kleinen Park, in dem eine Vielzahl an bunten Tulpen zur Schau stand.

In dem Park gibt es auch einen chinesischen Pavillion mit einer sehr schön bemalten Decke.

Nachdem wir uns den Pavillion angeschaut hatten, ging es auf die sogenannte „Seekerze", ein 60 Meter hoher Aussichtsturm, von dem aus man eine gute Aussicht auf die Sagami-Bucht hat.

Danach stiegen wir den kleinen Hügel wieder hinab bis nach unten an das Meer. Wir wollten eigentlich in die Grotten hinein, aber die Grotten waren für die Besichtigung gerade geschlossen, weil die Schäden von dem Taifun von vor ein paar Monaten noch zu groß waren. Also genossen wir einfach die Felsen am Fuß von Enoshima.

Nach der Besichtigung von Enoshima nahmen wir eine kleine, klapprige Bahn bis zu der großen, bronzenen Buddha-Statue *Kōtokuin* in Kamakura. Sie ist um die 13 Meter hoch und man kann sogar in sie hineinklettern, um sie sich von innen anzuschauen.

Enoshima und Kamakura sind eigentlich noch viel schöner und angenehmer im Frühling. Im Herbst soll vor allem Kamakura auch sehr schön sein. In der Stadt Kamakura gibt es so viele Tempel und historische Monumente zu sehen, dass ein Tag hierfür eigentlich zu kurz ist. Und auch auf Enoshima gibt es trotz der nur vier Kilometer Umfang viel anzuschauen und zu erleben.

Sapporo - Im Märchenland aus Eis und Schnee

In den langen Semesterferien flog ich im Februar nach Sapporo, um mir
das *Yuki-Matsuri* - ein großes Schneeskulpturen-Fest - anzusehen. Sapporo
ist die mit 1,9 Millionen Einwohnern größte Stadt der nördlichen
Hauptinsel Hokkaido, und von dem Flughafen Narita aus kam ich nach nur
etwa anderthalb Stunden am Flughafen New Chitose an. Von dort aus
nahm ich den Zug nach Sapporo und lief dann von dem Bahnhof aus durch
den Schneesturm zu meinem Hotel. Die Wege waren relativ gut
freigeschaufelt, denn an den Seiten des Bürgersteigs türmten sich die
Schneemassen meterhoch auf, während ich mit meinem Koffer
einigermaßen gut auf den Wegen vorankommen konnte. An der Rezeption
wurde mit mir wegen der blonden Haare und der relativ großen Nase zuerst
wie üblich auf Englisch gesprochen. Das Englisch war aber für einen
Hotel-Angestellten sehr mangelhaft, und schließlich musste ich ihm doch
gestehen, dass Japanisch auch okay ist. Ich hoffe, an der Rezeption hat
deswegen niemand sein Gesicht verloren. Das Hotelzimmer war sehr
winzig, aber sauber und schön eingerichtet; es war ja schließlich auf eine
einzelne Person ausgerichtet. Zum Abendessen zog ich los zum Daruma-
Restaurant, das so beliebt ist, dass ich eine Stunde lang draußen in der
Kälte warten musste. Ein bisschen konnte ich die Warteschlange dann aber
als einzelne Person umgehen. Ich bestellte die Standard-Version vom
Dschinghis Khan, ein bekanntes Gericht auf Hokkaido, hauptsächlich
bestehend aus Lammfleisch. Auf dem Tisch vor mir wurde der Grill
angezündet und ich bekam verschiedene Soßen, Reis, zarte Scheiben rohes
Fleisch und Sapporo Bier auf den Tisch gestellt. Außerdem wurden auf
dem Grill jede Menge Zwiebeln angehäuft. Nacheinander briet ich die
zarten Fleischstücke an, und es war unglaublich lecker. Auf dem Weg
zurück kam ich an dem beleuchteten Fernsehturm von Sapporo sowie an
den schon ersten Skulpturen des Schneefestivals vorbei. Die Skulpturen
waren aus Eisblöcken skulptiert, und in einer Skulptur waren sogar große
Fische und andere Meerestiere mit eingebaut.

Das japanische Frühstück im Hotel war ziemlich schmackhaft und ausgewogen. Mit Fisch, Nattō, Reis, Miso, Salat, Gemüse mit Fischflocken und Verschiedenem, das ich nicht einordnen konnte und auch nicht wollte, schien es sehr gesund zu sein. Wer denkt, dass so ein Frühstück am Morgen zu heftig ist, der sollte mal bedenken, dass ein westliches Frühstück mit Toast, Rührei und Würstchen noch viel schwerer im Magen liegt. Obwohl am frühen Morgen nach Gräten zu suchen auch sehr anstrengend sein kann.

Nach besagtem Frühstück war ich an meinem ersten richtigen Tag in Sapporo zuallererst im Shiroi Koibito Park. Shiroi Koibito heißt übersetzt "weißer Liebhaber", und ist eine Süßigkeit, bestehend aus zwei Platten Keks und einer Platte weißer Schokolade dazwischen. Sie ist für Sapporo, zumindest unter Japanern, sehr bekannt. Außerdem war die Fabrik unter den Sehenswürdigkeiten immer als große Empfehlung aufgelistet. Deswegen entschied ich mich dazu, ihr einen Besuch abzustatten. Die Fabrik ist ein großes Backsteingebäude mit einem kitschigen Park im Innenhof, der von Fachwerkhäuschen und einem reich verzierten Glockenturm umgeben ist.

Ich bezahlte den Eintritt für das Museum, in dem Tassen, Schokoladen-Boxen und Verpackungen aus aller Welt ausgestellt waren, und erklärt wurde, wie Schokolade hergestellt wird. Das Museum ist besonders für Kinder ganz nett eingerichtet. Man bekam auch einen Blick in die Fabrik selbst, in der die Arbeiter am Sortieren und Überprüfen waren.

Nach den Ausstellungen ging ich in das Café im vierten Stock, in welchem ich mir das Shiroi Koibito Parfait gönnte. Das Parfait bestand aus Softeis, das besonders frisch und lecker schmeckte, weil Sapporo schließlich auch für gute Milchprodukte bekannt ist, zwei der Shiroi Koibito Kekse, Obst und einem Stück Baumkuchen.

Aus den Fenstern hatte man einen guten Blick auf den Glockenturm, bei dem es alle paar Minuten eine Show mit Holzfiguren, die sich bewegten, gab.

Im Erdgeschoss der Fabrik wurden auf dem gesamten Stockwerk verschiedene Arten von Süßigkeiten verkauft. In einer Ecke wurde sogar gezeigt, wie die Zucker-Bonbons per Hand hergestellt werden. Die Angestellten, die dies demonstrierten, waren sicherlich über eine halbe Stunde lang am Kneten, was ganz schön in die Arme gegangen sein muss. Zum Schluss wurde die längliche Masse aus Zucker von der Maschine in kleine Teile zerschnitten.

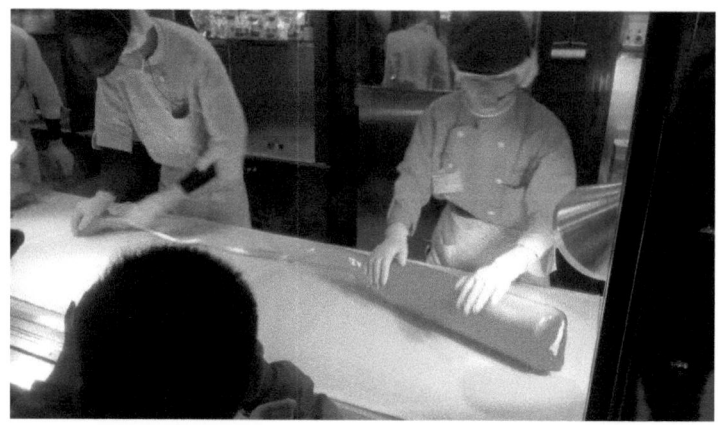

Nach der Keks-Fabrik war ich in dem ehemaligen Regierungsgebäude von Hokkaido, das mittlerweile in ein Museum umgewandelt wurde, und in dem man sich kostenlos verschiedenste Ausstellungen ansehen kann. Das Gebäude ist mit dem roten Backstein auch von außen sehr malerisch.

Das alte Regierungsamt

In dem alten Regierungsgebäude gibt es unter den Ausstellungen zum Beispiel das „International exchange and hokkaido products display room", in dem Geschenke, größtenteils aus China, Korea und Kanada, ausgestellt werden. Es gab auch ein „Northern Territories Museum", in dem es um den Kurilenkonflikt, genauer gesagt um den Konflikt zwischen Hokkaido und Russland, bezüglich des Gebietsanspruchs der südlichsten Inseln des Kurilen-Archipels geht. Im Moment scheinen Programme in Kraft zu sein, die es sowohl den japanischen als auch den russischen Staatsangehörigen erlauben, ihre Familien auf den Inseln so unkompliziert wie möglich besuchen zu können. Ein Friedensvertrag steht aber noch aus. Außerdem gibt es in dem Gebäude auch eine Bibliothek im Bezug zu Karafuto/Sakhalinen im Norden von Hokkaido, mit dem Ziel, die Beziehung zu den Sakhalinen zu stärken. Man kann sich auch den „Memorial room" ansehen, in dem die Direktoren und Gouverneure ihre Arbeit zur damaligen Zeit verrichteten. Es lohnt sich also wirklich, das damalige Regierungsgebäude zu besuchen. Was auch zu empfehlen wäre, wenn man sich Sehenswürdigkeiten anschaut, ist, immer ein leeres Heft mit sich zu tragen, für die ganzen Stempel, die es häufig an Bahnhöfen, Sehenswürdigkeiten und Tempeln gibt. Somit kann man sich die Motive von diesen Orten als Erinnerung in das Heft stempeln. Das gilt übrigens nicht nur für Sapporo, sondern für ganz Japan.

Von dem Regierungsamt aus konnte ich locker zu Fuß bis zu der nächsten Sehenswürdigkeit, dem Uhrenturm von Sapporo, gehen. Auf dem Weg dahin lief ich an einer großen Wand aus Eis und einer Eisbar im Freien vorbei.

Der Uhrenturm ist sehr sehenswert, weil er einer der ältesten Bauwerke Sapporos ist. Er wurde während der Meiji-Zeit, erst kurz nach der Gründung Sapporos, mit dem amerikanischen Architekturstil als Vorlage, erbaut. Die Originaluhren stammen sogar direkt aus Boston, Massachusetts. Ursprünglich diente der Uhrenturm als eine militärische Exerzierhalle für die Landwirtschaftschule und hatte in den darauffolgenden Jahre verschiedene Funktionen; er wurde als Post, Bibliothek, sowie zur Forschung und Lehre benutzt. Die Stadt Sapporo wuchs aber stetig an, und die Lehreinrichtungen mussten schließlich den Platz im Zentrum räumen. Stattdessen wurden die Räumlichkeiten an den Ort verlegt, an dem nun die Universität Sapporo steht. Nur der Glockenturm ist davon noch als ein Stück Erinnerung an die Vergangenheit zwischen den Hochhäusern stehen geblieben.

Als letzter Punkt des Tages fuhr ich nach Otaru, eine Hafenstadt, die nur etwas 30 Kilometer von Sapporo entfernt ist. Bis in die 1950er Jahre war Otaru die bevölkerungsreichste Stadt auf Hokkaido, bis sie von Sapporo überholt wurde. Heutzutage ist sie bei Touristen besonders für ihre Spieluhren und Gläsereien beliebt.

Blumen in Eis - Am Bahnhof von Süd-Otaru

Alles gläserne Spieluhren

In Otaru gab es neben den Spieluhren auch viele interessante Schnee- und Eisskulpturen zu sehen. Als es dann langsam dunkel wurde, und es außer dem Kanal nichts mehr anzuschauen gab, fuhr ich wieder zurück nach Sapporo, um in einem Restaurant namens *Garaku* Suppen-Curry zu essen. Das ist aber ein so beliebtes Restaurant, dass ich mal wieder mehr als eine Stunde warten musste. Für das Curry hatte es sich aber gelohnt. Ich wählte die Suppe mit Hähnchenfleisch und verschiedenstem Gemüse in der mildesten Schärfestufe.

Am nächsten Tag nahm ich nach dem Frühstück den Bus bis zu dem Hōheikyō Onsen. Die Abfahrtstabelle aus dem Internet stimmte aber nicht, also konnte ich erstmal eine Stunde in der Kälte warten. Und für den Kappa Liner hatte ich keine Reservierung, weswegen ich den langsamen Bummel-Bus nehmen musste. Es dauerte zwar fast zwei Stunden bis ich am Onsen ankam, aber durch die Schneelandschaft zu fahren, war sehr schön.

Ich hatte in meinem Leben noch nie so hohen Schnee gesehen. Am Onsen angekommen, zog ich mir am Eingang die Schuhe aus, kaufte mein Ticket und lieh mir ein kleines Handtuch, mit dem ich nach oben ging. An verschiedenen Ausruheinrichtungen vorbei kam ich an dem Umkleideraum an und verstaute meine Sachen im Schließfach. Das Onsen hat sowohl ein Innenbad als auch ein Außenbad, und beides ist sehr eindrucksvoll. Im Innenbad ist der Boden durch die verschiedenen Kalkschichten sehr uneben, und ein starker Schwefelgeruch liegt in der Luft. In der einen Ecke geht einer der Felsen, aus dem das heiße Wasser sprudelt, bis an die Decke. Das Wasser ist nicht zu heiß, sondern sehr angenehm. Im Außenbad kann man, während man im warmen Wasser liegt, sich die schöne Schneelandschaft drumherum anschauen. Nach dem Onsen döste ich erstmal auf dem samtigweichen Sofa, und hatte dann das Glück auch ohne Reservierung vom Kappa Liner Direktbus mitgenommen zu werden.

Als ich wieder in Sapporo ankam, beschloss ich, diesmal früh zu Abend zu essen und zwar im *Nagoya-tei*, was mir von meiner Freundin aus Sapporo empfohlen wurde. Das ist ein interessantes Restaurant mit rotierendem Sushi von sehr guter Qualität. Immer wenn es etwas im Angebot gibt oder etwas neu aufgetischt wird, wird dies per Mikrofon laut verkündet und alle Mitarbeiter rufen nacheinander „*ikaga deshou ka*" „Wie wäre es mit...". Es gibt auch ab und zu größere Zeremonien, wie zum Beispiel wenn Sushi-Stücke mit einer Kelle gefüllt werden. Dann wird laut auf die Taiko-Trommel an der Decke geschlagen und alle rufen laut irgendeinen Singsang wie bei den religiösen Zeremonien. Außer Sushi gibt es in dem Restaurant auch noch viele andere interessante Sachen zur Auswahl.

Danach konnte ich in Ruhe ein paar Stunden bei dem Yuki Matsuri Schneefestival verbringen. Es gab riesige Kunstwerke aus Schnee, bei denen mit Leucht- und Musikeffekten Shows veranstaltet wurden. Die Skulpturen zogen sich den ganzen, langen Odori Park entlang, der einfach kein Ende fand. Es gab auch kleinere Figuren und welche, die von Teams aus verschiedenen Ländern skulptiert wurden.

Vor dem Yuki Matsuri traf ich auf niedliche Maskottchen. Jedenfalls fand ich sie niedlich, bis mir auffiel, dass das eine ein Gewehr mit sich trug.

Eine große, beleuchtete Skulptur aus Schnee; In Richtung Fernsehturm gab es auch Skulpturen aus Eisblöcken.

Ein großer Weihnachtsbaum mit Schlittschuhbahn vor dem Fernsehturm und das gesamte Schneefestival von oben

Es war auch eine unglaubliche Erfahrung, den Fahrstuhl im Fernsehturm bis ganz nach oben zu der Aussichtsplattform zu nehmen, von der aus man über ganz Sapporo blicken kann, was wegen der ganzen Beleuchtungen besonders bei Nacht zu empfehlen ist. Von dort konnte ich auch das gesamte Schneefestival von oben sehen, das sich den Park entlang bis zum Horizont erstreckte. Bei dem Abstieg nahm ich nicht den Fahrstuhl, sondern entschied mich für die Treppen, die viel aufregender sind und von denen aus man letzte Blicke auf das Festival werfen kann.

Auf dem Rückweg zum Hotel lief ich lange Strecken durch die unterirdischen Passagen. In Sapporo sind diese unterirdischen Gänge wegen der Kälte und der Schneemassen sehr gut ausgebaut. Man kann also seine Einkäufe betätigen, ohne dafür nach draußen zu müssen. Einmal traf ich sogar auf einen riesigen Käfig voller Wellensittiche in einer der Passagen.

An dem letzten Tag hatte ich für Besichtigungen schon keine Zeit mehr. Das wäre sonst viel zu stressig gewesen. Außerdem hatte ich ja schon mein Gepäck bekommen. Also kam ich an dem Flughafen New Chitose viel zu früh an, was sich aber ganz gut traf. Dieser Flughafen ist nämlich mit diversen Themenbereichen wie Doraemon und Hello Kitty für die Kinder mit Themencafés, Spielhallen, Schokoladengeschäften mit Museen, bei denen man den an der Herstellung arbeitenden Maschinen zusehen kann, ausgestattet. Ich selbst hielt mich eine Zeit lang in der Hokkaidō-Ramen Halle auf, wo ich sehr leckeres Miso-Butter-Mais-Ramen aß.

Hätte ich am Flughafen noch mehr Zeit gehabt, wäre ich auch noch in das 3D-Kino oder in das Onsen gegangen. Die großen Flughäfen in Japan sind meistens so ausgestattet, dass man nie wieder weg möchte. Sogar das Interior-Design ist ganz nett gemacht.

Bald wurde meinem entspannten Zustand aber ein abruptes Ende gesetzt. Es gab Probleme mit meinem Handgepäck, das ich dann doch abgeben musste, und dann musste ich über eine Stunde in der Schlange für die Gepäckabgabe warten. Ich sah ständig mit Angstschweiß auf die Uhr. Noch zwanzig Minuten, noch zehn Minuten, noch fünf Minuten bis der Schalter schließt. Als ich dann bei der Security war, war das Gate auch schon längst geöffnet und als ich bei dem Gate ankam, hätte es eigentlich schon geschlossen haben sollen. Das Flugzeug wartete aber auch noch nach mir eine halbe Stunde auf Passagiere, die auch nicht schneller durch die Warteschlangen kamen, also von daher war das kein Problem. Im Flugzeug saß ich neben einem dicken, tätowierten Mann, der ein wenig roch. Mit viel Verspätung kam ich im vom Sonnenuntergang beschienenen und im Vergleich zu Sapporo mit sieben Grad deutlich wärmeren Tokio an.

Miso-Butter-Mais Ramen

Die Vielfalt der Region Kansai

In den Ferien verbrachte ich auch noch eine Woche in der Region Kansai, im süd-westlichen Teil der Hauptinsel Honshu. Ich kam am Kansai International Airport an einem Nachmittag an, weswegen mir nicht mehr viel Zeit blieb, in Osaka, der Stadt in der ich übernachten würde, noch viel zu unternehmen. Also ging ich in der Dunkelheit einfach zu Osakas bekanntester Fressmeile namens Dotonbori, eine Straße mit riesigen Werbeplakaten und voluminösen Figuren, die über den zahlreichen Restaurants hängen. Diese Figuren sind meistens Bildnisse dessen, was es in dem Restaurant als Spezialität zu essen gibt. Das kann zum Beispiel eine riesige Krabbe oder eine riesige Gyoza sein. Und es ist auch das, was diese Straße so pittoresk und beliebt bei Nacht-Fotografien macht.

Besonders bekannt für Osaka sind die Okonomiyaki (japanische Pfannkuchen) und Takoyaki (Oktopus-Bällchen). Also sollte man auf jeden Fall hiernach auf der Dotonbori Ausschau halten, obwohl das wirklich an ziemlich jeder Ecke zu finden und somit schwer zu übersehen ist. Ansonsten gibt es natürlich auch alles Mögliche an frischen Meeresfrüchten. Ich bestellte schnell ein paar Takoyaki und dann war ich auch schon wieder im Hotel. Wenn man aber gerade erst in einer neuen, aufregenden Stadt angekommen ist, dann möchte man auch etwas erleben und neue Dinge entdecken. Was man macht, wenn man alleine in einer neuen Stadt ist und aber unbedingt ausgehen möchte, wusste ich auch nicht. Schließlich entschied ich mich dazu, in eine Rockbar zu gehen, die eine entspannte Atmosphäre hatte und an deren Wänden Bilder von vielen berühmten Bands hingen. Die Leute dort waren ganz nett, und es gab sowohl einen Austauschstudenten als auch ein paar Einheimische. Durch die Einheimischen konnte ich mich etwas an den Dialekt gewöhnen und die besten Empfehlungen für Sehenswürdigkeiten bekommen.

Mein erster voller Tag in Osaka fing damit an, dass ich mich nach dem üppigen Frühstücksbuffet zu der Burg von Osaka aufmachte. Die Burg ist umgeben von einem großen Park, der etwas später im Frühling sicherlich sehr schön ist, wenn die Kirschblüten am Blühen sind. Mitte März ist der Park jedenfalls noch ziemlich kahl und trostlos. Die Burg von Osaka ist, wie andere Burgen auch, von einem Burggraben und hohen Mauern umgeben. Innen gibt es auch einen großen Park und sogar ein Hotel. Was ein bisschen störte, waren wie üblich die Massen an chinesischen Touristen, denen man schlecht ausweichen kann. Auf dem Platz vor der Burg war es ziemlich laut und überall waren Gruppen, die Fotos von sich schossen. Es war ein bisschen wie ein Affentheater, nur dass mir in dem Moment Affen viel lieber gewesen wären. Die Burg war zwar etwas kleiner als ich sie mir vorgestellt hatte, aber trotzdem war sie mit ihren Vergoldungen von außen recht beeindruckend. Aber in die Burg hinein wollte ich wegen der Touristen trotzdem nicht. Meistens wird in den japanischen Burgen innen auch nicht viel ausgestellt.

Nach der Burg Osaka nahm ich die Straßenbahn zu einer weniger bekannten Schreinanlage namens Sumiyoshi Taisha, charakteristisch durch eine stark gewölbte, rote Brücke, die man ziemlich steil erklimmen muss.

Der nächste Schrein, den ich aufsuchte, war der Namba Yasaka Schrein. Dieser Schrein hat die Gestalt eines böse aussehenden Löwenkopfes und sieht somit ziemlich ungewöhnlich aus.

Nach den Schreinausflügen ging es zu dem Umeda Sky Building, ein futuristisch aussehendes Gebäude, von dem man eine tolle Aussicht hat. Unter dem Gebäude gibt es Edo-artige Gassen mit kleinen urigen Restaurants. Dort gibt es auch ein besonders leckeres Okonomiyaki-Restaurant namens *Kiji*.

Nachdem ich mit so viel Okonomiyaki abgefüllt war, wie ich nur essen konnte, ging ich Abends noch in ein Onsen-Paradies namens „Spa World", in dem man in Onsen-Typen aus aller Welt baden kann. Der asiatische Teil war aber leider gesperrt, weswegen ich mich ironischerweise in dem europäischen Teil aufhalten musste. Die Vielfalt an Bädern war aber reich und genügte vollkommen. In weitere Onsen hätte ich so oder so nicht mehr gekonnt, denn irgendwann verträgt der Körper einfach kein heißes Wasser mehr. Auf dem Weg zu der „Spa World" durchquerte ich noch das Viertel *Shinsekai* (dt. "Neue Welt") mit dem Tsutenkaku Tower im Zentrum. Dieses Viertel hat eine faszinierende Geschichte. Es wurde in der Vorkriegszeit erbaut, mit Elementen, die sich Paris und New York annähern sollten, und eine Zeit lang war an dieser Stelle sogar ein Vergnügungs-Park in Betrieb. Nach dem zweiten Weltkrieg wurde dieses Viertel aber sehr vernachlässigt und wandelte sich in einen Ort voller Armut und Kriminalität. Jetzt ist es vor allem ein quietschbunt beleuchteter Ort für Touristen. Es gibt dort viele gute Restaurants, die Kugelfisch und *kushikatsu* servieren. *Kushikatsu* sind frittierte Spießchen, die man unbedingt probiert haben sollte.

Den Samstag verbrachte ich in der Stadt Kobe. Es ist eine sehr schöne Stadt, direkt zwischen den Bergen und dem Meer gelegen, mit einer entspannten Atmosphäre und vielen Häusern im europäischen Stil. Die Seilbahn, die an einem Wasserfall und einem Damm vorbeiführt und einen zu einem Kräutergarten bringt, war leider für eine Woche geschlossen, weswegen ich einfach durch die Straßen wanderte, vorbei an den europäischen Häusern, die teilweise die verrücktesten Kunstmuseen beherbergen. Kein Wunder, dass die Stadt mich von dem Flair her ein bisschen an Barcelona erinnerte. Es gibt in Kobe auch ein besonderes Starbucks, das in einem Haus im „Western-Style" gelegen ist. Ich durfte mich, nach dem ich meinen Matcha Cream Frappucchino bestellt hatte, überall im gesamten Haus hinsetzen, und die Zimmer waren jeweils mit antiken Möbeln eingerichtet. Das Haus an sich wurde sogar als Kulturerbe anerkannt und ist ein perfekter Ort zum Nachdenken und Bücher schreiben.

Immer wieder kamen mir in Kobe Japaner entgegen, die zueinander meinten, dass hier aber viele Ausländer wären. Dabei sah ich an dem ganzen Tag außer mir in Kobe nur zwei weitere Ausländer, und ich war bei diesen Kommentaren eigentlich immer die einzige Westlerin weit und breit. Obwohl es natürlich wie immer viele Chinesen gab, die aber wegen ihres asiatischen Aussehens nicht als „Gaijin" bezeichnet werden. Ich lief weiter in Richtung Meer, an einem schönen Schrein vorbei, und durch Chinatown hindurch, in dem es eine große Vielfalt an Essensständen gab. Aber zuerst musste ich meinen Hunger für ein gutes Kobe-Steak aufheben und um mir noch mehr Hunger anzulaufen, ging ich erstmal zu der Hafenpromenade, an der es den Merikan Park gibt, der mit Kunst und architektonisch interessanten Bauwerken versehen ist, unter anderem der Kobe-Port-Tower und das Maritim-Museum. Hier war die Atmosphäre sehr entspannt und ausgelassen.

Ich kaufte Tickets für eine Bootsfahrt bei Sonnenuntergang und kam dann endlich dazu, mein Steak zu essen. Ich hatte keine Lust, 70 Euro für ein winziges Steak auszugeben, auch wenn das ein unvergessliches Erlebnis und anscheinend das Geld wert sein soll, und bestellte lieber eine billigere Version. Das war lecker genug. Der Besitzer war auch sehr stolz auf sein Steak und musste mich unbedingt mit der Auszeichnung seines Restaurants (eine Bronze-Kuh) fotografieren, wohl in der Hoffnung, dass ich das Restaurant noch weiter promoten würde. Nach dem Essen war ich auf dem Kobe Port Tower, von dem aus man eine tolle Aussicht auf den Hafen hat, und dann ging es auch schon auf das Schiff, und zwar auf eines mit vier Decks und vielen luxuriösen Restaurants. Diejenigen, die aber kein Essen bestellt und vorreserviert hatten, hatten kaum Sitzgelegenheiten. Die Hälfte des oberen Decks war offen, und so schön der Blick von dort aus auch war, so war es viel zu kalt, um sich lange dort aufzuhalten. Wir bekamen mit, wie die Sonne durch die Akashi-Kaikyô-Brücke hindurch im Meer versank und sahen bei der Rückfahrt den Kobe Hafen in all seiner beleuchteten Pracht. Im Hafen fuhren wir auch an Kawasaki Heavy Industries vorbei, wo zwei riesige U-Boote zu sehen waren.

Am nächsten Tag war ich in Nara, einer alten Stadt, die für ihre vielen Tempel und die große Anzahl an frei herumlaufenden, zahmen Rehen bekannt ist. Am besten läuft man vom Bahnhof aus einfach in Richtung Nara-Park, denn dort trifft man auf eine Tempel-Anlage nach der anderen. Das ist auch der Ort, an dem sich die meisten Rehe aufhalten, die von den Touristen dick und fett gefüttert werden. Wenn man aber keine Kekse für die Rehe kauft, interessieren sie sich gar nicht für einen und lassen sich nur widerwillig streicheln.

Was mir in Nara am besten gefiel, abgesehen von der schönen Natur, war die große Halle mit dem Riesen-Buddha, sowie die Omizutori-Zeremonie, bei der Abends Mönche mit Riesen-Fackeln auf dem Holz-Tempel herumliefen und diese Fackeln dann so schüttelten, dass die Funken sprühten und der Boden anfing zu brennen. Die machten das aber wohl schon seit über 1200 Jahren so und schienen alles gut unter Kontrolle zu haben. In Nara gibt es übrigens auch ein Fest, bei dem ein ganzer Berg in Flammen gesetzt wird. Aber das findet im Januar statt.

Am Montag nahm ich dann spontan den Shinkansen nach Hiroshima. Als ich ankam, war es warm und sonnig. Ich nahm zuerst die Straßenbahn in Richtung Friedenspark, wo ich mir die Atombombenkuppel, eine Gedenkstätte für die Atombombenabwürfe, ansah. Das Gebäude wurde am 6. August 1945 durch die US-amerikanische Atombombe zerstört und nur die Stützkonstruktion des Kuppeldachs blieb erhalten. Man entschloss sich dazu, die Überreste im damaligen Zustand zu konservieren, um an die Atombombenabwürfe zu erinnern. Das Gebäude sah so unwirklich aus in seiner mit grüner Natur überwachsenen Umgebung.

Als nächsten Punkt sah ich mir mit meiner Freundin die Burg Hiroshima an, und dann ging es weiter nach Miyajima, eine Insel, die für den Itsukushima Schrein bekannt ist, bei dem der Torii so weit abseits steht, dass er bei Flut im Meer steht und somit ein sehr schönes Bild hergibt. Hier gab es auch wieder viele zahme Rehe, und es lohnt sich wirklich, vom Weg abzukommen und sich auch die anderen etwas versteckteren Tempel anzusehen. Am Bahnhof von Hiroshima gab es dann zum Abendessen Okonomiyaki im Hiroshima-Style mit Yakisoba Nudeln, Mais und Thunfisch. Das war sehr lecker.

An Tag Nummer sechs war ich nicht, wie ursprünglich geplant, in Kyoto, sondern stattdessen auf einem abgelegenen buddhistischen Berg. Das war die Empfehlung von den Osaka-Leuten, die ich am ersten Tag in Osaka in der Bar traf. Sie meinten, dass, wenn man Asienwissenschaften studiert, man unbedingt dort gewesen sein sollte. Der Berg heißt Kôyasan und ist zweieinhalb Stunden von Osaka entfernt. Er nimmt aus buddhistischer Sicht eine wichtige Stellung ein und beherbergt viele alte religiöse Einrichtungen, wie zum Beispiel die Großpagode Kompon Daitô, den Glockenturm Shôrô und die Shingon Halle. Viele einflussreiche Krieger-Familien unterstützten den Bau von Tempeln, worauf die Anzahl der Tempel stetig stieg.

Außerdem gibt es noch einen riesigen Friedhof von bekannten und damals einflussreichen Persönlichkeiten. 200.000 Gräber erstrecken sich hier über zwei Kilometer entlang bis hin zum Kobo Daishi Mausoleum.

Es gibt sehr viel zu sehen und zu entdecken, und wer sich für japanische Geschichte interessiert, ist hier genau richtig. Es ist auch schön, einfach nur etwas in der Natur die Berge entlang zu wandern und hoffentlich nicht auf einen der Bären zu treffen, denen schon so mancher sein Leben lassen musste.

An meinem letzten Tag in der Kansai Region war ich im Themenpark Universal Studios Japan. Das war für mich als Harry-Potter-Fan etwas ganz Besonderes, und auch wenn ich bei den Attraktionen oftmals ca. zwei Stunden warten musste, war es das trotzdem wert. Die Attraktionen werden ja auch mit viel Aufwand und Detail gemacht. Es gibt zum Beispiel ein paar Attraktionen, bei denen man mit 3D-Brille eine sich in alle möglichen Richtungen drehende Achterbahn fährt, die, mit den verschiedensten

Effekten ausgestattet, die Fahrt recht real wirken lässt. Hogsmeade und Hogwarts sind auch gut nachgebaut und man kann heißes oder kaltes Butterbier trinken. Es ist ganz lustig, wenn die Charaktere anfangen, japanisch zu sprechen. Dann ist der ganze Zauber auf einmal weg und es hört sich ziemlich lustig und unpassend an. Aber es hatte trotzdem viel Spaß gemacht, und am Tag darauf ging es dann auch schon wieder zurück nach Tokio.

Von der Küche Okinawas, japanischen Vögeln und Heuschnupfen

In ganz Tokio verstreut gibt es Restaurants, die Gerichte aus Okinawa anbieten. Man muss gar nicht lange suchen. Wenn man es also schon nicht selbst nach Okinawa schafft, sollte man zumindest das Essen von dort probieren, das im Vergleich zu den lokalen Küchen auf dem Festland sehr exotisch und anders ist. Es wird behauptet, dass die hohe Lebenserwartung der Okinawaner, bei den Frauen 86 Jahre und bei den Männern 80 Jahre, überwiegend an der Art der Ernährung liegt. Auf Okinawa werden viel Meeresfrüchte, Obst und Gemüse gegessen. Der Verzehr von Fleisch wird, auch wenn Gerichte wie Schweinefüße oder geschmorter Schweinebauch auf Okinawa als Spezialität gelten, niedrig gehalten. In Okinawa ist im Essen auch der Einfluss der Amerikaner zu finden, wie zum Beispiel bei dem Gericht „Taco-Reis" oder bei den frittierten Doughnut-artigen Bällchen namens „Sata-Andagi". Das Restaurant mit Okinawa-Spezialitäten in Tokio, in dem ich essen war, war auffallend bunt und festlich eingerichtet, und die Wände ringsherum waren beklebt mit Postern vom Meerestraum. Unter anderem bestellten wir Umibudô, direkt übersetzt als Meeres-Weintrauben, eine Art Algen. Man beißt auf einen Stängel Trauben, und die kleinen Blässchen zerplatzen eines nach dem anderen im Mund, während sich die leicht salzige Flüssigkeit anfängt auszubreiten. Es schmeckt so ähnlich wie Kaviar und wird mit etwas Sojasoße zusammen gegessen.

Zu den Meeres-Weintrauben gab es ein Gericht namens *Champuru*, bestehend aus Kassler-ähnlichem Fleisch, Rührei und Goya. Die Goya ist ein für Okinawa bekanntes Gemüse, die wie eine dicke, pickelige Gurke aussieht und so extrem bitter ist, dass viele Leute, die die Bitterkeit nicht gewohnt sind, sie als sehr abstoßend empfinden. In Okinawa ist sie aber in fast jedem Gericht dabei, und weil sie sehr gesund und vitaminreich ist, soll sie ausschlaggebend zu der Langlebigkeit der Einwohner beitragen. Neben dem Champuru gab es auch noch ein Miso-Gericht mit Tofu, Thunfisch und Gemüse. Das Essen von Okinawa ist wirklich sehr ausgewogen und lecker. In den Sommerferien hatte ich dann das Glück, mich noch intensiver mit der Küche Okinawas auseinanderzusetzen, aber dazu komme ich später.

Weil ich Mitglied eines neu-gegründeten Vogel-Circles war, der sich mit Vögeln beschäftigt, ging ich eines Tages mit anderen Mitgliedern und einem Zoologen zusammen zu einer Vogelbeobachtung. Zuerst trafen wir uns in einem Vogel-Café, um uns kennenzulernen und vorzügliche Curry-Gerichte zu essen. Dann machten wir uns mit Ferngläsern ausgerüstet in die Wildnis auf, was in Tokio mit einem überfüllten Park gleichzusetzen ist, um Wildvögel zu beobachten. Es war aber natürlich in der Mittagszeit nicht viel zu sehen, und die meisten Vögel, die sich blicken ließen, waren Raben. In den frühen Morgenstunden hätte man vermutlich mehr gesehen. Bei den Raben in Tokio muss man besonders vorsichtig sein, weil sie im Vergleich zu den Raben in Deutschland doppelt so groß und extrem intelligent sind und sich dazu auch noch die Gesichter der Leute sehr gut merken können. Gerade im Frühling werden sie sehr aggressiv. In dem Park konnte man außerdem sehr tropisch-bunte Vögel wie den Japanbrillenvogel, den Japanschnäpper und den Narzissenschnäpper sehen.

Weil ich in dem Frühling ab und an Probleme mit Heuschnupfen hatte, möchte ich noch kurz über den Heuschnupfen in Japan berichten. In Tokio leidet nämlich ungefähr die Hälfte der Bevölkerung unter Heuschnupfen und muss jeden Tag Antihistamine nehmen. Das liegt daran, dass Japan eine sehr hohe Dichte an Zedern hat, die große Mengen an Pollen verbreiten. In Japan wurden Zedern nach dem zweiten Weltkrieg großflächig angepflanzt, weil der Bedarf an Holz sehr groß war, und Zedern leicht anzupflanzen und zu handhaben waren. Auch bei den meisten Ausländern, die in Japan leben, entwickelt sich mit der Zeit ein Heuschnupfen. Ich selbst hatte, wie gesagt, an ein einigen Tagen die Pollen schon auf unangenehme Art und Weise zu spüren bekommen. Besonders viele Pollen gibt es übrigens im Februar, März und April.

Ein Tag in Yokohama

Ich verbrachte während der *Golden Week* (eine Woche voller Feiertage, in der Japaner häufig die ganze Woche frei bekommen) einen Tag mit einer Freundin in Yokohama. Von Tokio fährt man mit der Bahn ca. anderthalb Stunden. Weil ich aber an einem Tag in der *Golden Week* nach Yokohama ging, war es sowohl im Bahnhof als auch auf den Straßen in Chinatown so extrem voll, dass man kaum vorankam. Fast alle Leute aus der Region schienen an dem Tag frei zu haben und mussten sich wohl ausgerechnet jetzt dazu entschließen, nach Yokohama zu gehen. Yokohama ist als Freizeitort besonders bei den Leuten aus Tokio sehr beliebt. Ich war an dem Tag das erste Mal in Chinatown und lernte schnell, dass man hauptsächlich dorthin geht, um etwas zu essen. Das war damals auch unser Ziel. Wir gingen in ein All-You-Can-Eat-Restaurant mit einer großen Auswahl und aßen viele Garnelen-Klößchen. Das meiste auf der Speisekarte war mir komplett unbekannt. Das chinesische Essen in Japan hat ziemlich wenig mit dem chinesischen Essen in Deutschland gemeinsam und ist nicht so fettig und vielleicht auch etwas authentischer. Ich habe das deutsch-chinesische Essen aus Gewohnheit aber trotzdem immer noch lieber.

Danach ging es in Richtung *Minato Mirai* (dt. Hafen der Zukunft), ein großes Stadtentwicklungsprojekt, bei dem auf einer großen Fläche von ehemaligen Docks und Hafenanlagen moderne Wolkenkratzer, Hotels, Shopping Malls, ein Riesenrad und Kunstmuseen gebaut wurden. Das Projekt resultierte in einer sehr malerischen und charakteristischen Skyline.

In einem der Parks direkt am Wasser blühten weit und breit verschiedenste Sorten Blumen.

Das Hikawa Maru Linienschiff, welches von 1930 bis 1960 im Einsatz war, kann mittlerweile als Museum betreten werden. Die erste große Fahrt der Hikawa Maru verlief zwischen Kobe und Seattle. Daraufhin fuhr sie Strecken in fast allen Ecken der Welt ab und hielt laut Karte sogar einmal im Hafen von Hamburg. Wenn man sich die Zimmer der Hikawa Maru so ansieht, muss es ein sehr hochklassiges Passagierschiff gewesen sein; eingeteilt in erste, zweite und dritte Klasse, wobei sogar die dritte Klasse für die meisten Leute schon unbezahlbar war. Und ich staunte nicht schlecht, als ich auf den Bildern Charlie Chaplin entdeckte, einer der bekanntesten Passagiere der Hikawa Maru. Voller Stolz stand da auf der Infotafel, dass Charlie Chaplin ein großer Fan von Tempura war, und er es deswegen jeden Tag auf dem Schiff aß. Man kann sich in dem Schiff alle Räume von dem Maschinenraum bis hin zum obersten Deck ansehen. Die Aussicht über den Hafen ist auch atemberaubend.

Nach dem Museumsschiff spazierten wir etwas an der Promenade entlang und kamen überraschenderweise an einem deutschen Frühlingsfest vorbei (sehr im Stil von einem Oktoberfest), das direkt neben den alten Lagerhallen aus rotem Backstein veranstaltet wurde.

Es gab Büdchen mit einem Maibaum in der Mitte und eine riesige Bierhalle mit überteuertem deutschen Bier, und zwar 8 Euro für einen 330 Milliliter-Becher. Auf der Bühne in der Mitte trat eine deutsche Band auf, und ein paar der Japaner versuchten, etwas mitzutanzen. Bei den bayrischen Anweisungen, wie „jetzt schunkeln" verstanden sie aber meistens nicht, was sie machen sollten und tranken einfach weiterhin unbekümmert ihr Bier. Hinter der Bierhalle gab es ein Seaside Cinema-Theater und, wie gesagt, die Lagerhäuser aus rotem Backstein, in denen man heutzutage einfach einkaufen und Kaffee trinken kann.

Dann liefen wir die Promenade entlang in Richtung Yokohama Landmark Tower.

 Wir kamen an einem Vergnügungspark und am Nippon Maru Memorial Park vorbei und gingen anschließend in einem Kaufhaus Tapioka trinken. Tapioka ist eigentlich nur Stärke aus der Maniok-wurzel. Diese geschmacksneutralen Schleim-Bällchen kann man mit verschiedenen Teesorten, Milch und eventuell Fruchtsaft zusammen trinken. Ich trank es in Japan mindestens einmal in der Woche, vor allem, weil Tapioka-Getränke an jeder Ecke aufzufinden waren.

Gastfamilie in der Präfektur Nagano

Im Sommer verbrachte ich drei Tage in dem Elternhaus meiner Freundin in der Stadt Ina in der Präfektur Nagano. Da ich schon über längere Zeit den Wunsch hatte, bei einer Gastfamilie zu übernachten, war dies die perfekte Gelegenheit. Mit dem Fernbus ab Shinjuku dauerte es, Pause und Stau mit eingeschlossen, fast vier Stunden. In Ina wurde ich mit dem Auto abgeholt, und wir fuhren in eine sehr ländliche Gegend, wo sich das Haus meiner Freundin befand. Wir fuhren auf den Hof, wo uns schon der Bruder, der Hund namens Sora und die Oma begrüßten. Das Grundstück bestand aus Garage, Gemüsegärten, dem alten Haus mit Papier-Wänden, Tatami-Böden und Familienaltar, sowie dem neuen Haus. Geschlafen wurde größtenteils im neuen und gelebt im alten Haus. Es war alles sehr geräumig, wie es im Gegensatz zu Tokio auf dem Land nunmal üblich ist, und es wurde viel Gemüse und Obst angebaut. Ich bekam noch schnell etwas zu Essen, und dann ging es los zu der Burg Matsumoto, welche ich zuletzt in klirrender Kälte besucht hatte. Damals war ich auch fast die einzige Person in der Burg. Diesmal war es das Gegenteil: heiß und ziemlich voll. Die Aussicht von der Burg aus war auch diesmal sehr schön, aber die Schneeberge im Hintergrund waren kaum zu erkennen. Danach fuhren wir wieder zurück zum Hof, und wir hatten vor dem Abendessen noch etwas Zeit, um in den Onsen zu gehen. In dem Onsen war das Außenbecken sehr heiß, aber ansonsten war es ein schönes und gut ausgestattetes Badehaus. Zu Abend gab es Maki-Sushi zu essen, bei dem man wie bei mir Zuhause den Reis auf dem Nori-Blatt verteilt und dann Gemüse, Sashimi, Yakitamago (süßes Ei), Nattō und irgendwelche Blätter aus dem Garten etc. darauf gibt und zusammenrollt. Der Vater bot mir ununterbrochen viel zu viel an Alkohol an. Danach sahen wir im Fernsehen Mission Impossible auf Englisch mit japanischen Untertiteln.

Am zweiten Tag gab es ein üppiges Frühstück mit Miso, Reis, Tamagoyaki etc. Dann liefen wir zum nahegelegenen Tempel, weil es sonst nichts zu tun gab. Um zu dem Tempel zu gelangen, mussten wir zahlreiche Stufen den Berg hochklettern, und oben angekommen fiel mir auf, dass das Pferd als Symbol für den Tempel eine besondere Bedeutung zu haben schien. Denn es gab versteckt eine Pferdestatue und viele kleine Pferdchen aus Ton zum Verkauf. Bei den *mikuji* Wahrsage-Zetteln zog ich wie immer die Kategorie, die am meisten Glück bringen soll. Danach ging es zu dem angeblich einzigen Touristenort der Gegend, ein Platz mit vielen kleinen Holzhäuschen, in denen Holzschnitzereien und gewebte Produkte zum Verkauf sowie Workshops angeboten wurden. In der Nähe gab es erstaunlicherweise auch eine kleine Straußenfarm. Dann ging es wieder zurück zum Hof, um das Grillen vorzubereiten. Es fing an zu regnen, weswegen das Grillen in die Garage verlegt wurde. Zwei Cousins kamen auch zu Besuch. Zum Grillen wurde dünnes Schweinefleisch, welches in die Sojasoße getunkt wird, Kohl, Aubergine usw. verwendet. Danach hatte ich ein ziemlich verkohltes und volles Gefühl im Magen. Die Yakisoba-Nudeln, die es zum Schluss gab und beim Grillen in Japan immer dabei sind, hatte keiner von uns mehr geschafft. Der Hund Sora, welcher ununterbrochen während des Grillens am Kläffen war, hatte sich nun auch schon wieder beruhigt.

Nach dem Grillen gab es nur eine kurze Pause bis zum frühen Abendessen, weil wir schon bald danach zu dem Kakigōri-Eisstand los mussten. Zum

Abendessen gab es selbstgemachte Takoyaki, bei denen der Teig und die Oktopus-Stückchen in eine spezielle Takoyaki-Pfanne gefüllt und die Bällchen nach gewisser Zeit mit Spießen umgedreht werden. Das ist natürlich viel leckerer als fertiges Takoyaki. Nach dem Essen wurden wir zu einem kleinen Volksfest gefahren, bei dem wir an einem Kakigōri-Eisstand mithelfen durften. Unsere Aufgaben waren schlicht und einfach, die Kunden zu bedienen, die geschabten Eisberge mit Sirup zu beträufeln und das Eis mit Obst zu verzieren. Mit dem Andrang einer großen Anzahl von Gästen war es ein blühendes Geschäft, und wir waren somit durchgehend ziemlich beschäftigt. Wir wurden für das Aushelfen zwar nicht bezahlt, aber dafür durften wir, nachdem der Andrang vorbei war, viel von dem Eis probieren. Es gab dann auch noch die Möglichkeit, sich den Tanz und Gesang des Volksfestes anzusehen, bei dem wir etwas Abstand hielten, um nicht mitmachen zu müssen. Die meisten Teilnehmer waren alte Damen, die auch am besten von allen tanzen konnten. Nach dem Fest gab es Wasserbomben, und wir konnten uns kostenlos an der Schießbude versuchen und bekamen eine freie Auswahl bei den Preisen. Ich entschied mich für einen Handsensorik-Helikopter. An dem dritten Tag wurde es Zeit für einen kurzen Grabbesuch, denn es war ja schließlich Obon, die Zeit der Ahnenverehrung. Das war eine sehr kurze Aktion, denn es wurde einfach nur Essen und Weihrauch an das Grab gelegt und Wasser über die Grabsteine geschüttet. Und weil es danach bis zu meiner Busfahrt zurück nach Tokio auf dem Land nichts mehr zu unternehmen gab, sind wir einfach bei niedrigen 20 Grad und Regen Eis essen gegangen. Zum Mittagessen gingen wir in ein Soba-Restaurant mit hausgemachten Soba-Nudeln, in dem hinter einer Glasscheibe demonstriert wurde, wie die Buchweizen-Nudeln hergestellt werden. Der Teig wird kräftig geknetet, perfekt ausgemessen, gewogen und ganz fein geschnitten. Es war sehr erholsam auf dem Land, aber nach dem Mittagessen ging es auch schon wieder für mich mit dem Fernbus zurück in die Menschenmassen von Shinjuku.

Sommer in Japan - Teil 1

Wenn das Wort „Sommer" in Bezug auf Japan fällt, gibt es viele charakteristische Dinge, wie Yukata (Sommer-Kimono), Wassermelone, Feuerwerk, Schwimmbad, Matsuri (Fest) usw., die damit in Verbindung gebracht werden können. Jedenfalls wird der Sommer, so wie alle Jahreszeiten in Japan, sehr gefeiert. Trotz der unerträglichen Hitze ist der Sommer die lebhafteste Jahreszeit mit unzählig vielen Events, bei denen es einem schwer fallen kann, sich zu entscheiden. Es gibt Japaner, die vor jeder Jahreszeit erstmal Stift und Notizzettel herausholen und sorgfältig planen, an was für Aktivitäten sie in der jeweiligen Jahreszeit teilnehmen möchten. Wenn man den dicken Katalog, in dem alle Sommer-Events, die dieses Jahr in einer Region angeboten werden, aufschlägt, muss man sich zwischen Hunderten von Feuerwerken entscheiden. Ich hatte im japanischen Sommer so einiges erlebt und konnte sogar zweimal meinen Yukata tragen. Das erste Event war das *Nouryousen* (納涼船), eine Schifffahrt auf der Tokyo Bay im Yukata. Die Getränke waren zwar kostenlos, aber das Essen leider nicht. Dafür war die Aussicht von dem Schiff aus auf die beleuchtete Bucht aber sehr schön. Wir fuhren unter der grünen Regenbogenbrücke hindurch, in Richtung Norden bis nach Chiba. Das heißt, an Yokohama kamen wir leider nicht vorbei.

Vor der Schifffahrt musste ich mich in der Uni zurechtmachen. Das heißt, mir wurde dabei geholfen, den Yukata anzuziehen und die Haare

hochzustecken. In dem Yukata musste ich dann in kleinen Trippelschritten die U-Bahn bis nach Hause nehmen und von dort aus zu meinem Nebenjob gelangen. Erst von meinem Job aus ging es direkt zum Hafen. Das Schiff war mit Leuten so vollgepackt, dass es das Schönste war, einfach in die Ferne zu gucken.

Das zweite Event, an dem ich meinen Yukata tragen konnte, war ein *Hanabi-Taikai* / Feuerwerksfest in der Präfektur Ibaraki. Mit dem Auto hätte es bis dorthin eigentlich nur anderthalb Stunden dauern sollen, aber an dem Tag gab es besonders viel Stau, sodass wir erst nach dreieinhalb Stunden ankamen. Trotzdem hatte sich die lange Fahrt gelohnt. Das Feuerwerk ging eineinhalb Stunden lang, und wir standen fast direkt darunter, weswegen es riesig wirkte. Das Feuerwerk schien von der Technik her viel weiter entwickelt und hatte somit interessantere Effekte als die Feuerwerke, die ich bis zu dem Zeitpunkt in Deutschland gesehen hatte, wobei es alleine schon von der Größe und der enormen Anzahl von Feuerwerkskörpern schon eindrucksvoll war. Vor dem Feuerwerk und zwischendurch kann man an den Essbüdchen verschiedene Gerichte wie Yakisoba, Kakigôri oder Yakitori kaufen. Ich hatte wie immer Hunger auf Fleisch und kaufte mir deswegen zwei Sorten Yakitori (Fleischspießchen). Bei dem ersten Spieß war das Fleisch so zäh, dass ich das große Stück im Ganzen in den Mund schieben musste und dann mehrere Minuten lang versuchte, es irgendwie zu zerkauen. Es war aber, als würde man auf einer Schuhsohle herumkauen, und schließlich musste ich es doch im Ganzen wieder ausspucken. Der zweite Spieß war ein kleines bisschen einfacher zu kauen, und die Stücke waren kleiner, aber ich konnte es einfach nicht als essbar ansehen. Bei Yakitori wird jedes Stück des Tieres verwertet, aber ich wüsste nicht, wie auch nur irgendetwas an einem Huhn so zäh werden kann. Ich kenne aber so einige Deutsche, die ihre Probleme mit Yakitori haben. Für mich war das nicht weiter schlimm, denn es gab bei dem Fest auch genügend anderes, das ich, auch wenn etwas teuer, kulinarisch genießen konnte.

Sommer in Japan – Teil 2

Jedes Jahr gibt es in Japan am 07. Juli das Tanabata-Fest, dessen Kanji-Zusammenstellung auch die Bedeutung „siebenter Abend" hat. Der Hintergrund von dem Fest ist eine Liebesgeschichte zwischen zwei Gottheiten, die die Sterne Wega und Altair repräsentieren, und welche sich nur einmal im Jahr, und zwar an dem Tag von Tanabata sehen dürfen, weil sie den Rest des Jahres von der Milchstraße getrennt sind. Tanabata wird gefeiert, indem an Bambusbäumen Zettelchen namens *Tanzaku* mit Wünschen aufgehängt werden. Auch auf dem Platz vor dem Zôjô-ji Tempel in der Nähe von dem Tokyo Tower raschelten die vielen bunten Zettel im Wind. Die Bambusbäume sahen ganz schön schwer behangen aus. Doch es gab nicht nur die üblichen *Tanzaku*-Zettelchen, sondern auch über 5000 Papier-Laternen, die von dem Eingangstor bis zu dem Tempel wie ein breiter Weg aufgestellt waren und anscheinend wie eine Milchstraße aussehen sollten. Sobald es dunkel wurde, ergab sich durch die leuchtende Laternen-Straße zusammen mit dem stark beleuchteten Tokyo Tower hinter dem Tempel ein sehr schönes und romantisches Bild.

Und was auch natürlich noch zum Sommer gehört, sind Schwimmbäder. Es gibt in Tokio zwar auch normale Hallenbäder, in denen man ganz sportlich einfach seine Bahnen schwimmen kann, aber ich wollte unbedingt in ein Spaßbad im Freien. Der erste Pool, den ich eigentlich probieren wollte, war der des Tokyo Prince Hotels, welcher in direkter Nähe des Sky Tree gerade bei Nacht mit all den Lichtern auf den Bildern besonders hübsch aussieht.

Ich dachte, dort zu baden wäre sicherlich traumhaft. Aber dann wurde mir von Freunden klargemacht, was für ein Horror sich hinter dieser schönen Kulisse verbirgt. Es ist nämlich ein „Insta-pool", also einer, in dem nicht richtig geschwommen oder gebadet wird, sondern der von den Badegästen ausschließlich für Instagram benutzt wird. Das heißt, alle sind mit einer Kamera in der Hand und posieren. Das ist für junge Japaner sehr typisch. Auch wenn Instagram zwar in Japan eine hohe Stellung einnimmt, ging das für mich zu weit. Manche Leute wollen sich vergnügen, und andere nur so tun als ob.

Also entschied ich mich für die Schwimmbad-Anlage im Yomiuri-Freizeitpark. Dort gibt es nämlich vier große Becken, die auf den Fotos so aussahen, als ob man normal baden könnte. Von Freunden wurde mir auch dazu geraten. Aber auch hier ging es ein bisschen merkwürdig zu. Der erste Pool war proppenvoll, und die meisten Japaner schwammen nicht richtig, sondern ließen sich einfach nur in ihren grossen Schwimmringen auf dem Wasser treiben. Zum Schwimmen war einfach nicht genug Platz. Bald ließ ich mich auch in meinem Schwimmring in der Menschenmasse treiben und zählte die Runden um die Inseln in der Mitte des Pools. Das Wasser war flach, fast so wie in einem Baby-Becken, und ab und zu wurde man von herumalbernden Kindern nassgespritzt oder bekam Ellbogen in die Rippen. Jetzt machte es auch Sinn, warum alle beim Baden dringend einen möglichst großen Schwimmring brauchen. Er dient als Puffer, um möglichst weit von anderen Leuten fernzubleiben. Auf diese Art und Weise konnte ich glücklich im Gummiring sitzen, und es waren es nur meine Füße, die gegen andere Leute stießen. Da konnte ich häufig leider nicht ausweichen. Unter „baden" hatte ich mir trotzdem etwas anderes vorgestellt.

Fliegende Pinguine, Baseball und Geburtstag

Die Aquarien in Japan sind wirklich etwas Besonderes. Sie sind wie in Deutschland besonders bei Familien sehr beliebt. Der Unterschied besteht darin, dass die Aquarien in Japan meistens etwas teurer sind, aber das

Ergebnis des preislichen Unterschiedes macht sich auch sofort bemerkbar. Es wird sich bei der Einrichtung deutlich mehr Mühe gegeben. Das Aquarium, in dem ich war, ist eine modern gestaltete Einrichtung im zehnten und höchsten Stockwerk des Sunshine City Komplexes, welches zum größten Teil ein Kaufhaus ist, in dem Stadtviertel Ikebukuro. Im zehnten Stockwerk gibt es neben dem Aquarium auch noch ein Planetarium, welches wahrscheinlich auch sehr sehenswert ist. Das Sunshine City Aquarium ist ziemlich groß, mit vielzähligen Becken auf mehreren Ebenen, in denen merkwürdig aussehende Kreaturen und quietschbunte Schwärme aus dem Pazifik zu sehen sind. Es gibt wie üblich ein Haifischbecken, in dem es ab und zu auch Shows für die Kinder gibt, und einen Quallentunnel. Am besten gefielen mir aber trotz des starken Regens die Becken im Freien auf der Dachterrasse. Auf der großen Terrasse waren kleine Pinguine in einem wie eine Höhle geformten, schmalen, gläsernen Becken am Sausen. Durch das Becken hindurch konnte man die Hochhäuser und nach oben hin den Himmel sehen. Es sah so aus, als würden die kleinen Pinguine neben und über einem umherfliegen.

Was passiert eigentlich bei einem japanischen Baseballspiel? Ich war in Japan nur bei einem Spiel der sogenannten Big6 Baseball League, bei der die sechs prominenten Universitäten Tokios gegeneinander antreten. Das Spiel, das ich mir ansah, war zwischen Waseda und der Hosei Universität. Das wohl bekannteste Spiel ist eigentlich das zwischen Waseda und Keio, das *Soukeisen* genannt wird und bei Studenten außerordentlich beliebt ist. Die normalen Baseball-Spiele sind vielleicht ganz anders als die Spiele der Universitäten. Das, bei dem ich war, war jedenfalls sehr anstrengend. Ich hatte als Zuschauer mehr zu tun als die Spieler auf dem Feld. Unten auf der Bühne gab es ab und zu zwischen den riesigen Universitätsflaggen Schreihälse in Uniformen, die herumhampelten und denen man durch zurückschreien immer antworten musste. Die Zuschauer hatten alle Waseda Plakate in der Hand, die man in Fächer faltete, und mit denen man stundenlang bestimmte Abläufe und tänzerische Bewegungen durchführen musste. Dazu musste man die Lieder Wasedas im Takt singen. Vor und neben einem waren Cheerleaderinnen und Männer in Uniformen, die den Ton und Takt angaben und irgendwie nicht die Baseball-Spieler, sondern die Zuschauer anfeuerten. Außerdem kamen sie auf einen sofort zu, wenn man Fehler machte, oder die eigene Stimme nicht laut genug war. Ich wollte eigentlich mein Curry essen und in Ruhe das Spiel genießen, aber es war fast unmöglich, auf das Spiel auch nur ab und zu ein Auge zu werfen. Fotos durfte ich auch nicht schießen. Ich hatte zum Glück eine Ausrede, um das Spiel früher zu verlassen. Nachher bekam ich mit, dass Waseda 3:0 gewonnen hatte.

Schon bald nach dem Baseball-Spiel kam der Tag meines Geburtstags, und ich musste gar nicht lange überlegen, wie ich den Tag gestalten sollte. In Japan organisiert man nämlich nicht selbst seine Geburtstagsfeier, sondern die Freunde schmeißen eine Feier für einen. Man überlässt die ganze Planung also anderen. Mein Geburtstag wurde zu einem Tag mit viel Kuchen und Fisch. Am Abend hatten Freunde die abartige und wirklich einzigartige Idee, in ein Angelrestaurant zu gehen, in dem man sich seinen Fisch selber angelt und den Kellnern sagt, wie man ihn gerne zubereitet hätte (roh, frittiert etc.). Ich selbst hatte es leider nicht geschafft, einen

Fisch zu fangen, aber weil jedes Mal alle so taten, als ob ich den Fisch gefangen hätte, mussten die Kellner das auch ganz laut mit Trommeln verkünden. „Bea hat einen Fisch gefangen!" schallte dann ganz laut durch das ganze Restaurant. Dagegen konnte ich mich dann auch nicht mehr wehren. Der Fisch war wie erwartet richtig lecker, denn noch frischer hätte er ja nicht sein können. Zum Schluss sangen die Kellner noch fröhlich mit Trommeln zum Geburtstag, und es gab Kuchen.

Im Nebel der historischen Stadt Nikko

Nikko ist eine kleine, historische Stadt in den Bergen nördlich von Tokio. Man kann sie vom Bahnhof Tokio aus innerhalb von nur einer guten Stunde erreichen. Es lohnt sich nicht nur, wegen der schönen Natur nach Nikko zu gehen, sondern auch wegen eines der schönsten und eindrucksvollsten Schreine Japans, nämlich dem Tōshō-gu (日光東照宮). Der Schrein wurde als Mausoleum für Tokugawa Ieyasu, dem Gründer der Tokugawa-Dynastie, gebaut und wurde zum UNESCO Weltkulturerbe ernannt. Ich verbrachte in Nikko fast einen ganzen Tag, und die Zugfahrt bis dahin war sehr angenehm. Als wir in Nikko ankamen, war es diesig, verregnet und kalt. Ich wünschte mich sofort an irgendeinen anderen Ort und fing an, von der Wärme Okinawas zu träumen. Als allererstes kauften wir uns ein paar warme *Age Yuba Manju*, frittierte Süßigkeiten, zu denen uns der Ladenbesitzer auch kostenlos heißen Tee reichte. Das tat richtig gut. Die *Age Yuba Manju* sind Süßigkeiten, die mit einer roten Bohnenpaste gefüllt und von einer Tofuhaut *Yuba* umwickelt werden. Das war übrigens die leckerste Manju Sorte, die ich bis jetzt hatte. Sie sind schließlich knusprig-fett fritiert und eine perfekte Kombination aus süß und salzig.

Nach den Manju nahmen wir den Bus zu der Anlage des Tōshō-gu Schreins. Schon der allererste Torii war trotz seiner Schlichtheit irgendwie beeindruckend. Vielleicht lag das einfach nur an der Größe des Torii sowie an den umsäumenden, weit in die Höhe ragenden Zedern, die auf die damalige Macht des Tokugawa hindeuten. Das über die Steine gewachsene

Moos und die Nebelschwaden ließen den Ort mysteriös und sehr alt wirken.

Je weiter wir in die Schreinanlage vordrangen, desto eindrucksvoller wurde es. Das erste, was einem auf dem Schreingelände auffiel, waren die glänzenden Vergoldungen an den Dächern und Außenfassaden der Gebäude. Auch die Holzschnitzereien sowie die vielen Figuren und Abbildungen von Tieren auf den Lagerhäusern waren eindrucksvoll. Zum Beispiel gab es an einer Hausfassade zwei Elefanten zu sehen, gestaltet von jemandem, der offensichtlich noch nie in seinem Leben Elefanten zu Gesicht bekommen hatte. Berühmt sind in Nikko auch die drei weisen Affen, die nichts Böses sehen, nichts Böses hören und nichts Böses sagen, um alles Schlechte und Böse von sich fernzuhalten. Die Abbildung der „schlafenden Katze" war für uns besonders schwer zu finden, weil sie viel kleiner war als gedacht. Dabei ist sie direkt über dem Tor vor der Treppe, die den Berg hinauf zu dem Grab von Tokugawa Ieyasu führt, aufzufinden.

Die Details der Tore auf den Fotos oben waren ebenfalls beeindruckend und sehr ungewöhnlich. Man beachte zum Beispiel die Drachen, die sich die Tore hoch schlängeln. Oder die vielen Figuren über dem Toreingang, die den Ablauf historischer Ereignisse darstellen. Normalerweise werden in der japanischen Shinto-Architektur die Elemente sehr schlicht gehalten, weswegen diese Schreinanlage mit ihren aufwendigen Dekorationen besonders heraussticht.

Was in Nikko auch schön ist, besonders zu der Zeit des Herbstlaubs, ist die rote Brücke *Shinkyo*. Trotz des grauen Wetters und der kahlen Bäume leuchteten das Türkis des Wassers und das Rot der Brücke sehr intensiv.

Zum späten Mittagessen aßen wir Ramen und eine Spezialität aus Nikko namens Yuba, die auch bei den vorhin erwähnten Manji-Süßigkeiten verwendet wird. Yuba ist einfach nur die Haut von erhitzter Sojamilch. Wir bestellten Yuba Sashimi, also rohes Yuba, das man mit Wasabi und Sojasoße zusammen isst. Ich fand zwar zuerst, dass es nicht sehr appetitlich aussieht, aber es war erstaunlicherweise ziemlich lecker.

Die Stadt des qualmenden Vulkans

Von dem Flughafen Tokio-Haneda, der wegen seiner Nähe zu Tokio angenehmer und leichter zu erreichen ist als der Flughafen in Narita, nahm ich einen Flug nach Kagoshima, eine Präfektur mit einer gleichnamigen Stadt an der südlichsten Spitze der vier japanischen Hauptinseln. Mit nur ungefähr zwei Stunden Flugzeit und einem Fensterplatz war der Flug durchaus angenehm. Vom Flugzeug aus konnte man sogar kurz einen Blick in den Kegel des Fuji-san hineinwerfen. Als ich an dem Flughafen von Kagoshima ankam und aus dem Flieger stieg, wuchs die Aufregung. Immerhin war es das erste Mal, dass ich es bis auf Japans südlichste Hauptinsel namens Kyushu schaffte. Aus dem kleinen Flughafen hinaus spaziert kam mir warme, schwüle Luft entgegen, was klimatisch eine ziemliche Umstellung war, und ich wartete erst einmal in der Nähe eines Fuß-Onsen. Später fiel mir auf, dass diese Fuß-Onsen an fast allen Ecken in Kagoshima aufzufinden sind, obwohl bei der Hitze kalte Fußbäder wahrscheinlich angenehmer wären. Es ist wirklich erstaunlich, wie heiß es in Kagoshima im März werden kann. Nach einiger Zeit entdeckte ich einen Freund, der mich wie versprochen mit dem Auto abholen kam. Als wir mit dem Auto die Landstraßen entlang fuhren, fiel mir auf, wie andersartig die Pflanzenwelt im Vergleich zu der Hauptinsel ist. Bald kamen wir auch schon an das weite Meer, das bis zu der Stadt Kagoshima an die Landstraße angrenzte und durchgehend im Blick behalten werden konnte. Der Flughafen von Kagoshima ist ganz schön weit von der Stadt Kagoshima entfernt, und die öffentlichen Verkehrsmittel sind natürlich nicht so gut ausgebaut wie in Tokio, also wurde mir dadurch, dass ich abgeholt wurde, viel Stress erspart. Als ersten Besichtigungspunkt des Tages entschieden wir uns dazu, die Fähre nach Sakurajima zu nehmen. Sakurajima ist eine Vulkaninsel, die sich nach einem Vulkanausbruch 1914 zu einer Halbinsel mit Verbindung zum Festland Kyushus auf der gegenüberliegenden Seite von Kagoshima formte, und deren Vulkan auch heutzutage noch ziemlich aktiv ist. Zwei Mal in der Woche zu qualmen, ist für ihn normal. Als ich dort war, qualmte er aber vier Tage lang ununterbrochen. So etwas ist dann nicht mehr normal.

Foto von der Fähre aus: Zu sehen sind links die zweite Fähre, rechts das schicke Gebäude des Aquariums und im Hintergrund der Vulkan.

Auf Sakurajima angekommen, erstreckte sich vor uns eine friedliche, stille Landschaft, durch die eine leere, unbefahrene und von Kirschblüten umsäumte Straße führte. Auf einer Aussichtsterrasse direkt am Meer gibt es ein sehr langes Fußbad, von dem aus ich ein paar wildlebende Delfine beobachten konnte. An den Vulkan selbst kommt man nicht sehr nah heran. Es gibt aber ein paar Aussichtspunkte, die mit Infotafeln versehen sind und von denen aus man den Vulkan betrachten kann.

Am schönsten war der Abstecher zu einem Onsen, dessen Außenbäder über die steilen Klippen direkt über dem Meer ragen. So könnten Leute von den Schiffen aus die nackigen Badenden theoretisch beobachten, aber zum Glück waren gerade keine Schiffe in der Nähe. Die Aussicht war wirklich schön, aber leider hielt ich es nicht lange im Aussenbad aus, weil das Wasser im Onsen viel zu heiß war. Nach dem Onsen nahmen wir wieder die Fähre zurück nach Kagoshima. Es wurde schon dunkel und das Gefühl der Einsamkeit lastete schwer auf mir. Auf Sakurajima leben kaum Menschen, aber auch Kagoshima hat nicht sehr viele Einwohner: nur

597.000, was für Japan sehr wenig ist. Ich war es mittlerweile so sehr gewohnt, von Millionen von Menschen umgeben zu sein, dass mir die etwas ländlicheren Gebiete und kleine Städte schon anfingen etwas Unbehagen zu bereiten.

Nach dem Ausflug zu der Vulkaninsel besuchten wir kurz die Universität Kagoshima. Sie ist eine recht kleine Universität, und eigentlich gibt es auch nicht viel über sie zu berichten. Der Campus ist von breiten Alleen mit riesigen Palmen durchzogen, weswegen ich sofort an Urlaub denken musste. Dort zu studieren, muss traumhaft sein. Danach fuhren wir zum sogenannten Dolphin Port, eine mit vielen Lichterketten beleuchtete Fressmeile direkt neben dem Hafen, an dem man Delfine sehen kann, um etwas zum Abendessen zu finden. An dem Delfin-Hafen gibt es eine ganze Reihe an guten Restaurants. Es gibt so viel zur Auswahl, dass es einem schwer fallen kann, sich zu entscheiden. Ich wollte unbedingt Kagoshima-Ramen essen gehen, aber das Restaurant war so leer, dass es mir suspekt vorkam. Stattdessen gingen wir also in einem Izakaya Yakitori essen. Wir mussten eine kleine Holztreppe hoch zu unserem Tisch, von dem aus man versteckt auf alle Restaurantgäste hinuntersehen konnte. Ich kam mir fast so vor wie in einem Baumhaus. Neben dem Yakitori bestellten wir Shabushabu mit Schwarzschwein, welches eine Spezialität in Kagoshima ist. Aus meiner Sicht schmeckte es aber einfach nur wie normales Schwein.

Am nächsten Tag zog ich erstmal alleine los. Ich sah mir verschiedene Parks an, unter anderem den Central Park, der mit vielen bunten Blumen ausgeschmückt war, und beschloss daraufhin den Berg Shiroyama zu besteigen. Auf dem Weg zu dem Berg kam ich an der Statue von dem Samurai, Soldat und Politiker *Takamori Saigo* vorbei. In Kagoshima findet man sehr viele Statuen von einflussreichen Samurai. Auf dem Berg angekommen, wird man mit einem Ausblick von der Aussichtsplattform des Shiroyama auf die Stadt Kagoshima und den Vulkan Sakurajima belohnt. Der Vulkan qualmte weiterhin ununterbrochen und immer stärker. Auf dem Rückweg kam ich wieder an einem etwas versteckten Park vorbei, an dem ich einen Katzenstreit schlichten musste, und wo es wieder viele

Statuen von vermutlich Politikern und Samurai gab. Ich lief den ganzen Weg von dem Berg Shiroyama bis hin zum Delfinhafen, wo zufälligerweise bald schon eine Delphin-Show stattfand, die vom Aquarium aus organisiert wurde. Im Hafen schwamm auch ein riesiges Ungetüm, das ich nicht identifizieren konnte.

Dann wurde ich endlich abgeholt, und nachdem wir Kagoshima-Ramen mit Tonkotsu, einer Brühe, die aus Schweineknochen gemacht wird, essen waren, bekam ich die tolle Idee, meinen Führerschein übersetzen zu lassen. In Okinawa könnte ich eine Fahrerlaubnis nämlich gut gebrauchen, da es ohne Leihwagen sehr schwierig ist, auf den Inseln voranzukommen. In Japan kann man sich den Führerschein bei der Japan Automobil Federation (JAF) ganz leicht übersetzen lassen. Für die Übersetzung hatte es auch nur eine Stunde gedauert, und seitdem war es mir erlaubt in Japan ein Jahr lang jederzeit Auto zu fahren. In der einen Stunde Wartezeit wollten wir eigentlich Eis essen, aber wir fuhren eine halbe Stunde im Stau, merkten, dass das Eislokal nicht mehr in Betrieb ist, und fuhren wieder eine halbe Stunde zurück. Aber danach schafften wir es doch noch, das für Kagoshima bekannte Eis namens *Shirokuma* (dt. Eisbär) zu essen. Es besteht aus geraspeltem Eis mit Kondensmilch und wird mit Früchten wie Melone, Mango, Kirsche, sowie Rosinen, komischen Keksen und etwas, das aussieht wie Wackelpudding-Würfel, bestückt. Schade, dass ich dieses Eis nicht in Tokio finden konnte.

Dann war so die Frage, was man an dem Tag noch unternehmen könnte. Schließlich war es nicht mehr lange bis zum frühen Sonnenuntergang. Wir entschlossen uns letzendlich dazu, das kleine Pudel-Hündchen meines Freundes namens Hana-chan besuchen zu gehen. Bei sich Zuhause war das

Pudelchen aber nicht, also mussten wir zu seiner Oma fahren. Hana-chan ist ein sehr lieber, gut-frisierter Welpe, mit weichen Locken, weswegen er aussieht wie ein Teddybär. Er wiegt auch soviel wie ein Teddybär. Die Oma war auch sehr lieb und war ganz überfordert, weil wir so spontan vorbeikamen und sie nichts vorbereiten konnte. Also bekam ich Tee und Süßigkeiten angeboten, wurde mit mehr Obst, als ich eigentlich essen wollte, vollgestopft und bekam Mengen an Washi-Papier und einen Orangen-Schäler geschenkt, den ich aber leider bei ihr vergaß. Die Oma ist, wie es bei vielen älteren Damen in Japan üblich ist, künstlerisch tätig und malt Gemälde von Städten. Sie benutzt das Washi-Papier, um verschiedene Schichten an interessanten Farbtönen auf den Leinwänden hervorkommen zu lassen. Wir hätten noch die Wahl gehabt, zum Abendessen zu bleiben, und die Mutter wäre bald auch gekommen, aber wir hatten durch das späte Shirokuma-Eis keinen Hunger und fuhren stattdessen auf Empfehlung der Oma zu dem Shiroyama Kanko Hotel auf dem Shiroyama Berg. Die Gärten des Hotels waren schön beleuchtet, und von dort aus konnte man über die gesamte Stadt blicken. Zum Abendessen waren wir einfach nur Sushi essen.

An Tag Nummer drei waren wir in einem kleinen Ort namens Ibusuki, der sich im Süden der Stadt Kagoshima befindet und für seine Sand-Onsen bekannt ist. Als wir dort ankamen, wollte ich aber unbedingt vor dem Onsen erstmal Hamburger essen gehen. Laut Internet gibt es in Ibusuki aber nur ein Restaurant, in dem Hamburger angeboten werden, und als wir an dem Restaurant ankamen, stellte es sich als ein ziemlich uriger Laden heraus. Es war ein kleiner, nach außen hin sehr offener Laden mit einer Bar und zwei Tischen. Gegenüber dem Laden auf der anderen Straßenseite saß ein älterer Mann vor einem älteren Badehaus, der damit beschäftigt war, große Schalen mit Gemüse auszusortieren. Der eine Tisch war besetzt, und auf dem anderen Tisch waren Berge von Gemüse angehäuft. Der Tisch wurde aber extra für uns freigeräumt. Es gab zwar keine Hamburger und keine Speisekarte, aber dafür ein festes Mittagsmenü, das so lecker war, dass ich meinen Hamburger sofort vergaß. Die Damen am Nachbartisch standen auf und gaben mir noch ein paar Komplimente. Das war für mich etwas ungewohnt, weil einen in Tokio fremde Menschen normalerweise nicht freiwillig ansprechen würden. Dann kam die Ladenbesitzerin auf uns zu und schenkte uns einen großen Sack Erbsen. Sie unterhielt sich mit meinem Freund eine Zeit lang noch weiter über Erbsen-Anbau und Ernte und alles Mögliche und verließ daraufhin wieder den Laden, um im Garten zu arbeiten. Nach dem Mittagessen machten wir uns dann endlich auf zum Sand-Onsen. Wir bekamen Yukata-artige Roben, mit denen wir zum Strand liefen, auf dem die Leute unter Sonnenschirmen bis zum Kopf mit Sand zugeschaufelt lagen. Unter den Roben hatte man absolut gar nichts an, und dazu war es noch sehr windig, weswegen man sehr aufpassen musste. Ich legte mich in eine Kuhle und wurde dann mit wohlig warmem bis heißem Sand zugeschüttet, während ich auf das Meer vor mir schauen konnte. Es war sehr angenehm, im Warmen eingebettet zu liegen und ich war kurz davor einzuschlafen, als es mir dann doch irgendwann zu heiß wurde. Im Anschluss auf das Sand-Bad geht man in den richtigen Onsen. Man wirft natürlich vorerst den Yukata weg und duscht den Sand gründlich ab, ehe man in das heiße Wasser steigt. Nach dem Onsen kann man dann seinen Blutdruck messen und darüber staunen, wie tief er gesunken ist. Nach dem Onsen fuhren wir zu den Ryumon Wasserfällen, die 77 Kilometer von Ibusuki entfernt im Norden Kagoshimas gelegen sind. Sie sind um die 46 Meter hoch und 43 Meter breit, und als wir ankamen, war es sehr still und menschenleer. Das ist auch das Bild, das ich jetzt immer noch von Kyushu habe: Viel Natur und wenig Menschen.

Ein Paradies namens Okinawa

Im Sommer flog ich für drei Tage nach Okinawa trotz des Wissens, dass sich gerade ein Taifun Okinawa näherte. Weil man den Verlauf und die Auswirkungen eines Taifuns nicht hundertprozentig feststellen kann, wollte ich auf gut Glück die Reise trotzdem versuchen. Als ich auf dem Weg nach Okinawa vom Flugzeug aus dann die erste Südseeinsel mit Korallenriff sah, hatte ich auch keine Bedenken mehr, die falsche Entscheidung getroffen zu haben.

Von dem Flughafen Naha kam ich mit der Yui Monorail innerhalb von nur 10 Minuten in dem Zentrum von Naha an. Die Stadt ist mit nur 300.000 Einwohnern schließlich sehr klein, sodass man überallhin eigentlich auch problemlos laufen könnte. Mein Hotel befand sich in der Kokusaidôri (dt. internationale Straße), auf der sich die Touristen tummeln. Die Straße wirkte aber auch in der Hauptsaison nicht überfüllt. Im Vergleich zu Tokio kam es mir weiterhin recht menschenleer vor. An dieser Touristenstraße probierte ich die Okinawa-Soba, die im Gegensatz zu den üblichen Soba nicht aus Buchweizen, sondern aus Weizen hergestellt werden, und die sich auch von der Form her etwas unterscheiden. Zu den Nudeln gab es zwei Fischkuchen und ein drei-schichtiges Stück Schweinefleisch mit sehr zartem Fett.

Weil es schon abends war und es in Naha nicht mehr viel zu tun gab, ging ich an dem Tag einfach nur noch in den Onsen des Hotels. Am nächsten Tag bestieg ich die Shuri-Burg, die Herrscherresidenz aus Zeiten des Ryûkyû-Königreiches, die sich auf einem Hügel befindet. Von dem Hügel aus hat man einen schönen Blick über die Stadt bis hin zum Meer. Man muss verschiedene Tore durchqueren, um zu der zentralen Palasthalle (jp. *Seiden*) zu kommen, vor der sich in rot und weiß gestreift ein Hof ausbreitet, der in früheren Zeiten für Zeremonien genutzt wurde. Auch wenn der Palast einen heutzutage wegen seiner Größe nicht in Staunen versetzen kann, so ist er doch wegen seines Stils und der Art der Verzierungen, die mit Tungöl (Chinesischem Holzöl) und Chinalack an die Außenwand gemalt wurden, sehr beeindruckend. Man sieht, wie sich die Burg wegen westlicher Einflüsse durchweg von den typisch japanischen Stilen unterscheidet. Leider war zu meiner Zeit ein Großteil des Palastes mit Baugerüsten bedeckt. Der Hof wird neben der zentralen Halle und dem Hoshin-Tor auch noch von der ursprünglich als Verwaltungsgebäude benutzten Nord- und Südhalle (Hokuden und Nanden) umsäumt. In diesen Hallen wurden die internationalen Beziehungen gepflegt, indem Gesandte aus China und vom japanischen Festland empfangen wurden. Die Gebäude kann man als Museen betreten, und in einem Rundweg kann man sich die Innenräume aller drei Gebäude ansehen. Nur das Innere vom *Seiden* ist noch im damaligen Prunk in Zinnoberrot zu sehen, und es werden diverse Nachbildungen ausgestellt, wie die des Throns oder der Krone.

Wenn man dann wieder die Yui Monorail bis zur Kokusai Dôri (internationale Straße) nimmt, dort in die überdachte Einkaufsstraße Heiwa Dôri (Friedensstraße) einbiegt, kann man von dort aus direkt zu dem Makishi-Markt gelangen. Dort kann man die merkwürdigsten Sachen sehen. Diverse Gemüsesorten, Fleischsorten und Meeresfrüchte, welche ich nie auf dem Festland gesehen habe, und natürlich auch Köpfe, Gesichter und Füße vom Schwein. Im zweiten Stock gibt es eine Reihe von Restaurants, die ihre Zutaten wahrscheinlich direkt vom Markt schöpfen. Dort gibt es auch einen Stand, an dem Sata Andagi, diese fritierten Zucker-Bällchen, auch Okinawan Doughnuts genannt, verkauft werden. Eine wichtige Zutat ist hierbei der braune Zucker, der aus dem Zuckerrohr in Okinawa gewonnen wird. Die Bällchen gibt es in hellen und in dunklen Versionen, bei denen die dunklen natürlich intensiver nach dem Rohrzucker schmecken. Aber man sollte unbedingt beide einmal probiert haben. Bei der Verkäuferin konnte ich auch ein paar okinawanische Wörter aus dem Dialekt lernen.

Wenn man die Heiwa-Dôri weiter entlanggeht, kommt man an die Yachimun Dôri, eine Straße der okinawanischen Töpferei und Keramik. Die ganze Straße entlang reihen sich diese Geschäfte, in denen man das in Okinawa traditionsreiche Handwerk erlernen oder Tonfiguren kaufen kann.

Auch die lockigen Löwenhunde sind die gesamte Straße entlang, vor den Häusern oder auf den Dächern, zu sehen. Die Straße wirkt etwas urig und sehr idyllisch. Es kommen einem kaum Touristen entgegen, und sie scheint recht unbekannt zu sein.

Und weil es in Okinawa eine berühmte Eiskette namens Blue Seal gibt, von der viele Leute mir schon vorgeschwärmt hatten, habe ich mir auf dem Rückweg noch ein Eis bei Blue Seal gegönnt. Ich bestellte die kuriosen Eissorten Tropical Marble, Pineapple Sorbet und Okinawan Salt Cookies, welche sehr zu empfehlen sind. Die Salt Cookies sind auch in Nicht-Eisform für Okinawa bekannt. Nachmittags begab ich mich zum Fukushuen (Fuzhou) Garten im westlichen Teil der Hauptstadt. Vor dem eigentlichen Park, der von einer Mauer umzäunt ist, und für den man Eintritt zahlen muss, war ein kleiner, verwilderter Park, der mich ein bisschen an Indiana Jones erinnerte.

Der Fukushuen Park soll die Freundschaft zwischen der chinesischen Stadt Fuzhou und Naha symbolisieren. In dem Park gibt es unter anderem Pavillons, zwei Pagoden und einen großen Wasserkörper, der den Min-Fluss darstellen soll.

In den Gewässern schwammen Koi-Fische, die man mit etwas Futter aus den Automaten füttern konnte. Mit ihren offenen Mäulern können sie aber ganz schön gruselig aussehen, wenn sie sich übereinander um das Futter drängeln. Neben der Statue des Konfuzius entdeckte ich auch eine große Rotwangenschildkröte. Der Park ist kulturell sehr interessant und wird durch einfache Formen und detaillierte Muster geprägt. In den Berg, auf dem der Pavillon steht, kann man hineinklettern und durch die Höhlengänge irren. Man kann so vom Inneren des Berges aus den Wasserfall aus einer anderen Perspektive sehen oder die Treppen bis nach oben zum Pavillon besteigen.

Nach dem Park ging ich zum Strand von Naha, zu dem Naminoue Beach, der wegen der Autobahn, die auf Pfeilern im Wasser direkt vor dem Strand verläuft, als besonders hässlich gilt. Aber in Naha ist dies halt nunmal die einzige Möglichkeit, um sich bei über dreißig Grad abzukühlen. Aber immerhin ist das Wasser schön klar und Türkis, und auch der weiße

Sandstrand ist sauber. Daneben ragt ein großer Felsen in die Höhe, auf dem man sich auch eine kleine Schrein-Anlage ansehen kann.

Am Abend war wieder die Frage, was ich essen sollte. Also entschied ich mich für das Restaurant Paikaji, weil es dort hausgemachtes *Jimamidofu* (Tofu hegestellt aus Erdnüssen) gibt. Zu dem *Jimamidofu* bestellte ich mir dann noch *Rafute*, geschmorter Schweinebauch, der trotz vieler Fettschichten sehr zart auf der Zunge zergeht. Mit der süßen Soße zusammen schmeckte es eigentlich sehr lecker, ich musste mich nur seltsamerweise danach in der Nacht mehrmals erbrechen.

Das Restaurant war auch sehr niedlich und etwas touristisch eingerichtet, um die Kultur Okinawas etwas zu fördern. Es liefen zwei junge Frauen in Trachten herum, um mit einem Fotos zu machen, und vorne auf der Bühne wurden traditionelle Musikstücke auf einem *Sanshin* (ein drei-Saiten Instrument) und Taiko-Trommeln gespielt.

Der Tag darauf war aufregend. Weil ich damals in Kagoshima beim JAL meinen Führerschein übersetzen lassen konnte, ging ich zum Rent-a-Car in der Nähe des Hotels und mietete mir ein Leihauto, mit dem ich versuchte, aus Naha heraus zu fahren. Das gestaltete sich aber gar nicht so einfach, zum einen, weil ich seit meiner Fahrprüfung so gut wie nie mehr Auto gefahren war, zum anderen, weil ich mit einem unbekannten Auto plötzlich klar kommen musste, und weil in Japan auf der linken Seite gefahren wird. Das ist eigentlich nicht schwer, und man kann sich auch schnell daran gewöhnen, nur, dass die Hebel für den Blinker und den Scheibenwischer vertauscht waren, sorgte für Probleme. Immer wenn ich blinken wollte, schaltete ich stattdessen aus Versehen den Scheibenwischer ein und bekam ihn auch lange Zeit nicht wieder aus. Außerdem ist es in Naha zum Fahren machmal etwas chaotisch. Kommt man allerdings aus Naha heraus auf die Autobahn, fährt es sich sehr angenehm. Der Nachteil ist nur, dass man schön brav an den Schranken die Autobahngebühr zahlen muss, welche nicht ganz billig ist. Aber das ist in ganz Japan so. Am Ende der Autobahn angekommen, musste ich nur nur ein kleines Stück Landstraße an der Meeresküste entlang fahren, um zu dem großen Churaumi Aquarium zu kommen. Besorgt guckte ich immer wieder auf das Meer, denn für heute war ein großer Taifun angesagt. Aber die Wellen waren noch recht klein und ungefährlich. Beim Aquarium angekommen ging es nur noch um das Problem einen Parkplatz zu finden, denn es gibt zwar neun Parkplätze, die noch an den Ocean Expo Park grenzen, aber die in der Nähe des Aquariums waren alle besetzt. Also versuchte ich erst auf einer Schotterpiste mit angrenzendem Friedhof, wo mein Auto bestimmt ein paar Kratzer durch die Gebüsche abbekam, zu parken und musste dann doch auf dem am weitesten entfernten Parkplatz meinen Wagen abstellen. Von dort aus konnte ich durch die ganze Parkanlage laufen, die bis zum Delfin-Becken hin sehr leer war. Vom Taifun war immer noch nichts zu sehen, nur das Meer war ein bisschen stürmischer als sonst.

Hinter dem Delfin-Becken, in dem regelmäßig Shows stattfinden, gibt es auch Aquarien-Häuser für Seekühe und Meeresschildkröten, für die man keinen Eintritt zahlen muss.

Das Churaumi Aquarium ist das angeblich zweitgrößte Aquarium der Welt und befindet sich in einem riesigen Gebäudekomplex, zu dem man mit Rolltreppen hinauffährt. An dem Tag, als ich dort war, war das Aquarium mit solchen Touristenmassen gefüllt, dass es wenig Spaß machte, sich die Meerestiere anzusehen. Die Glasscheiben waren wegen der vielen Menschen schlecht zu sehen, und man konnte sich wegen der drängelnden Leute nichts in Ruhe ansehen.

Umso eindrucksvoller war das riesige "Kuroshio" Becken, das mit einem Fassungsvermögen von 7.500.000 Litern größte Aquarium-Becken der Welt, in welchem bis zu über sieben Meter lange Walhaie an den Glasscheiben entlang gleiten. Da kommt man gar nicht mehr aus dem Staunen heraus. Walhaie gibt es überhaupt nur in vier Aquarien weltweit, da eine artgerechte Tierhaltung schwierig ist.

Vor dem Aquarium gibt es auch einen schönen weißen Sandstrand, wo man gut im Meer baden kann. An diesem Tag war er wegen Ankündigung des Taifuns jedoch fast menschenleer.

Was ich bei der Rückfahrt dann noch beachten musste, war, in Naha den Tank voll aufzufüllen. Durch die Müdigkeit, und weil es auch Schwierigkeiten mit dem Navi gab, konnte ich erstmal eine Weile lang die Tankstelle nicht finden. Sobald ich sie aber gefunden hatte, wurde ich angewiesen, wo ich das Auto abstellen sollte, gab dem Personal die Anweisung den Tank voll zu füllen, bekam währenddessen die Scheiben geputzt und bekam den Müll entsorgt, und bezahlte dann vom Auto aus mit Bargeld. Dann hatte ich irgendwelche Probleme, den Motor wieder anzulassen, und musste mir vom Personal erklären lassen, wie ich wieder losfahre. Danach guckten sie auch ganz besorgt, als sie mich wieder auf den Straßenverkehr loslassen mussten. Angenehm war aber, dass das Personal den Straßenverkehr anhielt, damit ich stressfrei von der Tankstelle wieder auf die Straße kam. Dieser Rundum-Service an den Tankstellen ist auch in ganz Japan so üblich. Ich konnte mein Auto wieder beim Rent-A-Car abstellen und lief etwas ausgelaugt und zittrig, aber froh, unversehrt zu sein und wieder Boden unter den Füßen zu haben, zum Hotel. Weil ich abends zu müde war, um auszugehen, kaufte ich mir einfach im *Konbini* etwas zu essen.

An meinem dritten Tag in Okinawa entschied ich mich dazu, die Fähre zu der Insel Zamami (座間味島) zu nehmen. Zamami ist nicht nur eine der vielleicht schönsten Inseln Okinawas, sondern ist auch von Naha aus recht einfach und schnell zu erreichen und dazu auch noch menschenleer. Man kann die Insel entweder mit dem Schnellschiff "Queen Zamami" innerhalb von 50 Minuten oder mit der Fähre besuchen, welche zwei Stunden lang fährt. Bei der Queen Zamami sollte man allerdings beachten, dass man lange vorher reservieren sollte, und dass sie recht kostspielig ist. Die Fähre hat aber auch ihre Tücken, denn sie fährt am Tag nur einmal hin und einmal zurück. Sollte man die Fähre verpassen, muss man zusehen, wie man alleine von der Insel wieder herunterkommt. Ich selbst nahm die Fähre, in der ich einen Fensterplatz ergattern konnte und zusah, wie die hohen, stürmischen Wellen die am Bug stehenden Leute erfassten. Auf dem Weg konnte ich mit ein paar Okinawa-stämmigen Jugendlichen ins Gespräch kommen, die sehr nett und aufgeschlossen waren, und bei denen ich mich wunderte, wie klar verständlich ihr Dialekt war. Es ist wirklich merkwürdig, wie gleich sich das Japanisch in Tokio und Okinawa anhört, wobei es durch ganz Japan hindurch so viele schwer zu verstehende Dialekte gibt. Ich lief also schnell zwanzig Minuten in der prallen Sonne bis zum Furuzamami Beach, ein langgestreckter weißer Strand, auf dem ich sogar einen Sonnenschirm und eine Matte bekam, und türkises Wasser. Ich wollte eigentlich eine Schnorchel-Tour, bei der man mit dem Schiff hinausgefahren wird, machen, aber mir wurde nur gesagt, dass die Wellen dafür zu hoch seien. Trotzdem lieh ich mir eine Schnorchelausrüstung und schnorchelte mit wenig Erfolg. Bis auf eine Seeschlange, die blitzschnell nach oben schoss, und vor der ich ziemlich Panik bekam, war kaum etwas zu sehen. Bald musste ich wegen der knappen Zeit dann auch schon den Bus zu dem anderen bekannten Strand der Insel, den Ama-Strand nehmen. Dieser Strand ist zwar etwas kleiner und menschenleerer als der Furuzamami-Strand, hat aber meiner Meinung nach die schöneren Korallen. Außerdem ist er für das Sichten von Meeresschildkröten bekannt. Um eine Schnorchelausrüstung zu holen, muss man zwar etwas weiter laufen, aber an diesem Strand lohnt sich das richtig. Es gibt Mengen von bunten, großen Fischen, an denen man sich gar nicht satt sehen kann. Meeresschildkröten sah ich leider keine, was vielleicht daran lag, dass es noch mittags war. Nun hatte ich aber auch hier nicht mehr viel Zeit bis die Fähre abfuhr. Auf dem Weg zurück erst bemerkte ich das Ausmaß meines Sonnenbrandes, der meinen Körper von den Waden bis zu den Schultern zierte. Daran habe ich noch schmerzvolle Erinnerungen.

Ich wäre gerne noch bis zum Sonnenuntergang geblieben, hätte die Fähre es mir ermöglicht. So musste ich aber frühzeitig zurück nach Naha fahren und von dort aus am nächsten Morgen den Flieger zurück nach Tokio nehmen. In Tokio hatte ich dann auch nur noch ein paar letzte Tage, um mich auf die Rückreise in das Heimatland vorzubereiten.

Das war dann also schon das Ende meiner Reisen in Japan. So schön mein Aufenthalt in diesem Land auch war, so schnell musste er zu Ende gehen. Die Begegnungen und Erfahrungen werden mir trotzdem immer in Erinnerung bleiben, und mich eines Tages wieder dorthin zurückführen.